luminosity
luminosity luminosity luminosity
luminosity luminosity luminosity luminosity
luminosity luminosity luminosity luminosity
luminosity luminosity luminosity luminosity
luminosity luminosity luminosity luminosity
luminosity luminosity luminosity luminosity
luminosity luminosity luminosity luminosity
luminosity luminosity luminosity luminosity

luminosity

luminosity luminosity luminosity
luminosity luminosity luminosity luminosity
luminosity luminosity luminosity luminosity
luminosity luminosity luminosity luminosity
luminosity luminosity luminosity luminosity
luminosity luminosity luminosity luminosity
luminosity luminosity luminosity luminosity
luminosity luminosity luminosity luminosity

菩薩心語5

暢銷作家 黃子容 著

人生苦行心堅定
人間修行心於靜
善美有心愛無敵
福善在心人間行

勇於改變，學習理解與接受

黃子容

每個人都害怕改變，害怕改變之後產生無法掌握的情況，對於那樣的未知產生了恐懼，所以我們因為懼怕改變，於是產生抗拒，為了守成，讓自己陷入了另外一種困境當中，其實接受改變沒有想像中的困難，一旦願意改變，其實我們生活當中就像是迎接了挑戰。

有了新的挑戰，便有了新的目標，新的方向可以依循，對我們來說整個學習的過程，是一種磨練和成長，這樣的機會其實十分難得的。

如果我們每一次都可以把改變看作是一種蛻變，加速自己的成長，那麼這樣的改變是樂於被接受，也是讓人樂於學習的。

這本新書，《菩薩心語5》著重在生活上的改變，學習覺察自我，用新的態度去面對新生活，教會我們勇於改變，學習接受他人不同的想法，讓我們的人生因為樂於學習，願意接受不同的挑戰，改變自己之後，會是全新嶄新的開始，迎接人生新的階段，對於人生規劃會有很多不同的幫助。

希望大家在看完這本《菩薩心語5》之後，也能計畫為你的人生，來一場小小的改造，不管是心態上，還是實際生活的方式，都希望可以帶給你新的人生態度與規劃。

建立生活中的美好，從每一件小事做好開始。

每天起床時，都要提醒自己，今天要很認真地把自己該做的功課完成，盡心盡力地完成每天的工作，也許你有很多的責任背負在身上，提醒自己認真地去生活，很認真地去工作。

防疫期間，我也休息了一陣子，這一陣子努力地寫書，雖然沒有座談會的活動，但這個時間點，剛好可以讓我休息，也沉澱一下自己，我的生活步調整個都放慢下來了，學習檢視自己的生活，檢視自己的需要，檢視自己內心真正想要的，以及釐清某些價值觀，然後更明確地知道自己想要什麼。

我覺得我的生活當中有很大的改變，早上起來開始整理家務，做飯給自己吃，忽然間覺得這就是我想要的生活『家庭主婦』。

說了這麼多年想當家庭主婦的願望，現在竟然因為防疫新生活，讓我自己的目標實現了，覺得生活很有意義、很有價值、很有規劃。生活雖然很簡單，但是這真的是我以前就很嚮往的生活，現在就做到了，所有的事情都放慢腳步了，更可以細心用心在更多事情上面。

停下腳步來，看看自己真正想要做的是什麼？

其實，人生不用做什麼大事，只要把眼前的每一件小事都做好，這就是生活中的美好。我想大家一定會跟我有同樣的想法，曾經我們都想過：以後賺了錢，我們要去哪裡旅行？以後我們到了什麼年紀，我們要跟好姐妹一起去哪裡？我們以後要怎麼樣孝順父母親？規劃父母親年老的生活？我以後老了，我要去做些什麼？可能都會有很多自己對於未來藍圖的規劃。

後來因為這段時間，讓我有很多時間可以去思考自己真正想要的。

我也在想，我們許願未來可以做的事情，其實在這個當下，可能就可以逐漸地完成了，不是嗎？你想說：以後想要去哪裡可以很快樂，但你現在在這裡，也可以很快樂。

假設你現在工作上很想要有成就，你現在把工作份內的事情做好，你明天工作上也會很有成就。

所以，很多事情不用等著明天、後天、大後天或者是以後再去做，我們要去做什麼，其實把時間的歷程放到眼前來，去把每一件你現在眼前該做的事情，把它做好了，那麼，其實你未來想做的事情，在今天不就是完成了基礎嗎？做好了每個當下，才能實現長久的未來夢想。

只是人生就像我剛剛講的，有得就會有失，工作很忙碌，生活才得以維持。我覺得人生，有些事情不要等到以後怎麼了，才想要去做，以後的規劃或計畫，其實都比不上現在既有的、可以進行的事項；你可以馬上就去做的，就不用等到以後再說。所以，人生完不完美？其實，人生每一天都是一個完美的開始，如果你今天可以在出門之前，先把自己要做的事情條列式地寫下來，然後完成它，你就會覺得很有成就感了。

我最近的生活都是用條列式的筆記寫下待完成的事項，例如，以前的我都用手機來記事，但最近我改用一本便條紙來記事，為了想讓自己感覺非常有效率，所以，我就把它變成紙筆化，把每天要做的每一件事情都寫在便條紙上，一旦完成了，我就把它劃掉，然後這一張就可以撕掉了，就很有成就感。

我覺得大家也可以試試看。我連買蛋、買蔥、買蒜、買鹽巴…，都寫在便條紙上面，因為每一個細項都寫在上面。

把你想做的事情，用條列式的方式寫上去，一旦完成，你可以把它劃掉，這個會讓你覺得很有成就感，好像完成了很多事情，而這些本來就是預期要做的，這個是一個很好的方法，我建議大家也可以試著這樣做；而且這樣可以清楚地知道你今天有什麼事情要做，還有什麼事情沒做的，留在明天，今天晚上睡覺之前，就再把這個筆記便條整理一下，今天沒有完成的，把它挪到明天的便條紙上，一直都未完成的，你就知道這件事情拖太久了，對自己也是一種叮嚀跟提醒的作用，我覺得這也蠻好的，所以大家不妨試試看。

我們的人生經歷不同的階段，需要不同的變化來做因應，也許這些改變一開始不在你的選項當中，或者不在你的規劃當中，但是學習著接受以及理解，理解改變之後的成長，這會讓你的生活深具意義，也是人生有成就的承擔。

不要害怕改變，勇於接收改變，我們都要有信心，改變之後會帶來更多的成長。

自序

生活智慧平靜心

慈悲心善心修行

就努力愛了

生活智慧平靜心

斷捨離與慢活人生

常常告訴大家說要有堅定的信心，堅定的信念，你的人生會改變，是因為你自己很努力，所以改變了自己的命運，創造了自己的人生。

每天出門之前，就要告訴自己說今天是一個完美的開始，完美的一天，我今天好多事情想做，我務必在今天把每一件事情都做好，這是對自己負責任，而且每一個完美的事情都是從小事開始做起的。

早上起來好好地吃一頓早餐，靜下來好好地跟自己吃早餐。

我覺得，一天最美好的開啟時刻，就是來自於自己靜靜地坐下來吃一份早餐，喝一杯咖啡，甚至於喝一杯熱茶；只有你自己獨處，我覺得這是最美好一刻的開始，也是最好的一天的開始，大家不妨可以這樣做。

上班忙碌了到中午要吃飯了，有時候你可以跟三五好友或同事們出去吃飯聊聊天，有時候也可以選擇獨處。跟自己來個小約會，想吃什麼不用去附和同事，可以準備你自己想吃的，坐下來靜靜享受獨處的時光，充實的一整天。

人總是要有一點點沉澱自己及自我獨處的時候。

現在防疫工作要做好，大家臉部表情都被口罩遮住了，只剩下兩個眼睛露在外面，其實，只要眼睛看著，靜靜地看著，大部分的時間眼睛要看著自己，檢視自己在做的，不要去盯著別人，不要增添紛爭，什麼都不用多說，什麼事情都不用多做解釋。

戴口罩之後，少了很多耳語、衝突及紛爭也很好；我們都應該要靜下來，少說一點話，可以減少病菌的散播之外，減少社交聯絡，其實也蠻好的。

這段時間，可以幫助你釐清什麼人在你生命當中，就算沒有頻繁的往來，他還是你生命當中很重要的人物，時時關心著你，現在有社交軟體相當方便，每個人要跟誰聊天，跟誰見面，其實都有視訊就可以了，也是很好的。不會因為這樣就疏離了跟對方的聯繫。我真的希望大家可以善用這一段時間，學習跟家人好好的相處。以前可能大家都很忙碌，回到家裡都累了，沒時間溝通，沒時間講話，現在減少社交聯絡，多了時間，可以好好學習如何跟家人相處。

新聞報導說最近離婚率也變高了，因為夫妻以前都在外面忙，然後現在回家就要兩兩相望，跟另外一半吵架的次數也變多了，衝突也變多了。那是因為我們太久沒有靜下來好好地聽對方說話。當你說話的時候，又沒有辦法注視著對方，然後，想聽的重點，對方又不講；又或者每次都講得很冗長，沒有耐心去聽對方把話說完。其實現在因為環境變成這樣，生活型態變成這樣，這個時期也是讓我們好好地把生活、工作、人際關係、健康的觀念，還有價值觀全部去做一個調整的時刻。

這是一個斷捨離非常好的時期，不僅關係上的斷捨離，或者家中物品的斷捨離都很重要，物品的斷捨離，就是把不要的東西、用不到的東西分給需要的人，我覺得這個蠻有意義的，因為這個東西在我身上可能用不到了，但是可能會在需要的人身上，或是適合的人身上，可以發揮更好的作用，例如，衣服因為太胖穿

不下，可以送給瘦一點的人穿，衣服在他身上穿起來好看，贈衣的人也很開心了。所以，其實各方面都要做調整，生活方面的步調大家都盡量放慢來。

學習好好跟另一半相處，跟另外一半在相處上，需要更多的時間好好地聽對方說話，然後好好地跟對方聊聊天。聊天也是需要耐心，怎麼聊，怎麼樣切入主題，怎麼樣給予對方回應跟回饋，是很重要的。

假設今天對方在講一個非常有趣的事情，然後你一直在滑手機，做其他事情，看著電視，沒有真心傾聽，不妨把電視關掉，把手機放下來，耐心地聽對方在說什麼，他想告訴你什麼，也許是他今天發生的事情，就不妨靜下心來，聽一聽他想說什麼，也許跟你無關，但總是需要了解一下他想要告訴你什麼？

各個步調稍微做一些修正，發掘自己的興趣。每個人都可以找自己有興趣的事情來做，調整一下生活當中的重心。

如果今天不是在太忙碌或太急躁的情況下，是不是應該要讓自己回歸到真正你自己想要過的生活。現在有很多人都說我沒有辦法出去，有很多事情都不能做。但不能出去，只能待在家裡的情況下，應該還是有很多事情可以做。

我們在這樣的生活當中，其實我也希望大家學習一個重點，就是放慢腳步，很多事情放慢來看，聽別人的回答，慢慢聽自己說話，慢慢說；要表達的事情，也慢慢地講給對方聽，慢慢地表達，讓對方能夠了解，讓對方能夠知曉，很多事情不要急，急只是把當下的情緒反應給對方而已，並不能解決問題，對方也不能夠感受到你的想法，他只能夠感受到你的急躁而已。所以，做事情也好，感受也好，表達也好，選擇也好，盡量都放慢一點，慢一點一定有好處的，可以看別人先做選擇，之後自己再看看什麼比較好，這樣子也是滿好的。

利用慢活人生，找出自己人生當中的定位，調整人生的步調。

過去工作上的成就是你戰戰兢兢，汲汲營營地想要去得到的。現在不妨放慢，好好地去檢視一下，到底你現在最想要的生活是什麼，也許有很多不同的價值，學習參考別人不同的意見，看書也好，上網找資料也好，多多少少可以藉由別人的一些生活上的智慧，可以跟你有一些分享，讓你有不同的感受。

希望大家花一點時間，讓自己學習尋找自己生活當中的重心，從每一件小事開始做，一件小事都做好了，就是一個完美的開始。

不管你每天第一件遇到的事情是開心還是不開心，多想辦法讓自己擁有很強大的精神及信念，幫助自己理性思考，想辦法一定要讓自己開心是非常重要的，因為人生如果不開心，沒有正向的能量，就很難把事情做好。

這段期間有很多人放無薪假，因為沒有工作可以做，沒有薪水了，怎麼辦？萬一要繳貸款，怎麼辦？就好擔心喔！那麼，你就想是老天爺先暫時讓你休息一兩個月，你要在這一兩個月之內，要自己準備好不要鬆懈，也不要抱怨，因為這不是故意的，可能老闆也遇到困難了，然後老闆也不得已做了這樣的選擇，沒有人希望發生這種事情，大家共體時艱一起度過難關。未來，雖然我們都不知道會發生什麼事情，但是如果你的心中是有堅定的信念，以及堅定的信仰，那麼你會知道，不管未來發生什麼事情，你都是知道自己該怎麼做，該怎麼生活，該怎麼面對困難；你都不會沮喪，也不會消極，這才是真正面對未知情況最重要的信念跟力量，會支撐著你一步一步有耐心有毅力的走下去。

真正的改變在於自己

因為疫情的關係，我們有了一場線上的法會，法會結束之後，大家生活當中有沒有什麼不同的改變？

參加完法會之後，也許你會有很多的想法，想要試著去為你的人生做些改變；或者是有的人想要從法會結束開始，做一些斷捨離的決定，不管怎麼樣，都是一個好的開始，因為你至少願意從改變開始了。

不管是改變你對人的看法、對生活的態度；或者是你在做事情的時候，有些方法、或是有些步驟、甚至有些規則，你願意做一些改變或是做一些妥協；或者是跟別人在討論某些道理時，可以學習著理解，那也是很好的改變。

每個人願意改變的面向不同，所以可能會產生不同的結果，不管結果是好或是不好，改變都是一個開始，都是一個最棒的決定。

這個改變是你自己想要改變的，才有可能會越來越好，而且才能夠持續性的越來越好。

因為如果是別人強迫你去做改變的，可能不是由你的初發心發想出來的改變，那改變可能是暫時性的，就沒有辦法持久了，沒有辦法延續下去。

如果願意為你自己改變，這個改變是你自己想的，絕對可以有持續性，而且可以設定自我的目標。

人要設定目標，通常有的人會說：「我設定一個目標，把這個目標放在三年內，我要買一部車子，五年內我要買房子。」

把目標設定的非常遠大，這個目標不是不好，這叫做長遠的目標，不會在短時間之內發生的，這樣的目標當然非常好，因為你有一個長遠的遠觀，可以去看見未來你想要努力的方向，跟你現在當下可以做什麼樣的調整，以至於你可以快速一點達到未來的這個目標，這個目標也是非常好的。

希望大家在設定目標的時候，改變的想法，從短期的開始，或者是從立現開始，立即可以顯現出你的決心，立即可以顯現出你做了改變之後或是設定目標之後，迅速可以達成，或者是馬上可以看到結果。

這個結果、這個目標、跟你想要改變之後所預期的連鎖反應，必須的先決條件是：你不能夠要求別人一定如你所說的，或如你所願的達到你想要的結果。

例如有的人說：「我已經改變我自己了，我少一點嘮叨，然後我不太碎碎念了，為什麼他對我的態度還是一樣？」然後就開始更生氣了：「我已經為你改變了這麼多，我已經三天不罵你了、三天沒有碎碎念了，我都好聲好氣跟你講，為什麼你第四天對我的態度還是一樣？」那這樣就破功了，對不對？

你不能期待自己改變之後，別人要跟著改變。

這必須是你可能要有的心理準備、心理建設，跟不要有的預期心理。

我們的改變，是看自己的。

我所謂希望大家改變，是短期的一個目標、一種方法，可能三天、可能一個禮拜、可能兩個禮拜、可能一個月，希望是可以看見成效的。

例如，我從現在開始我都不要遲到了；或者我從現在開始我多少吃一點青菜，因為有的人真的不吃青菜的；或者是我練習我早晚都吃一點水果；或者是我練習在辦公室裡面多一點面帶笑容；或者，我現在一個禮拜只喝一次手搖飲料，或者是從現在開始我都不喝手搖飲料了。

類似這種你可以短時間之內看見的改變，也許三天、五天、一個禮拜、兩個禮拜、一個月就可以看見立即的改變，那麼這樣的改變，也許對你來講，就是一個馬上可以得到的目標，是你自己的目標。

不要去在意你完成這個目標的時候別人對你的看法，或者要求別人要非常贊同你。

因為你的改變，是為了你自己好，或者是你已經深思熟慮想到：「我改變這個習慣或是改變這個惡習，是很多年前我就想的，但我一直沒做到的。」可能在這個時間點上，你可能有了不同的想法，願意做這樣的改變，對你來講，真的是蠻好的。

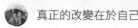

尤其現在我們的大環境整個都在改變了，疫情發生了，有很多人不能外出工作，有很多活動被取消，有很多休閒活動都不能進行，待在室內的人少了，大家都往室外跑、往戶外走，這都是一個生活型態上的改變。

改變會造成很多的不方便，這些不方便一旦產生了，就會有很多的抱怨出現。你要不要成為其中一個抱怨的人呢？還是你想要激發出自己的適應力，試著去適應看看現在環境上的改變、社會上的改變？

千萬不要只是抱怨，卻沒有計畫性、或者是沒有幫助的作為。

我想大家都可以仔細的再想一想，生活當中有沒有哪些行為習性，其實是我們已經根深蒂固，然後你知道必須要改變，但卻不願意做的？

其實這個時期，也是我們斷捨離的一個很好的時機，你在做斷捨離的時候，大概可以知道，哪些東西是你從前過多慾望想要而購買的，它未必是你真正用得到的，未必是你真正需要的。

在整理的過程當中，其實有很多的幫助。例如說，看見了這個物品，你想到了你跟某人曾經一起去哪裡的回憶，可能就會有很多回憶翻騰在你的腦海裡面，回憶了，感恩了，記得了，也許就放下了，甚至於可能更加珍惜現在在你身邊的人了。

那麼也做一個省視，就是：買了這麼多東西，結果放在那裡沒有用，然後你家可能是在市中心的蛋黃區或是高級的住宅區，結果房子堆放了這些用不到的東西，感覺上太可惜了。

所以這也讓我們檢視到：明明東西有了、夠了，就好了，不要再買了。剛好趁這個時候，也幫你算一下哪些東西家裡已經有了，下次再看到的時候不要再買了，免得家裡堆放了太多一直用不到的物資、物品。

這其實對我們來講，也需要努力做一些改變。

生活當中的斷捨離，不僅是物品，有的時候人也要有一些理性，去整理一下你自己的生活，哪些事情其實是不需要再做的？

例如說，你這輩子永遠都不斷的在討好別人，一直不斷的在看別人的臉色。

別人開心，你一整天都很開心；別人不開心，你一整天都很不開心，也就是說，你的開心是建築在別人的開心之上的。

那麼你有沒有仔細的靜下心來，看看你自己開不開心呢？

有沒有今天去做的哪一件事情是你自己為自己讚賞的？有沒有為自己感到驕傲的？甚至於有時候覺得自己很勇敢的單獨去吃了一份套餐、或者是自己去做一件事？有沒有一件事情是你今天想一想會讓你覺得：「我今天好棒喔」？

我覺得這就是你想要做，跟可以做的事情了。

如果你每天都有覺得自己很棒，這就是最棒的改變了，因為我們每天都要成為一個最好的自己。

因緣際會

有些人是在因緣際會之下，開始接觸了宗教，可能失戀，可能家裡的親人走了，或過去在生活當中遇到了困難困境，想尋求宗教上面的協助幫助，就想要念經，希望可以改變自己的生活，希望可以帶來一些生活上面的轉變。

菩薩讓我提醒大家：念經除了具有功德上的聚集之外，念經的功德跟目的，希望大家很單純的想著，念經可以讓人內心平靜下來。

當你遇到困難挫折，或在親人離世的時候，需要有一些精神上、心靈上的寄託，希望有一個暫時性的平靜，可以用念經來達到心靈上的平靜，暫時性能夠忘卻這些痛苦。

接觸宗教是很好的，任何一個宗教都是好的。

有的人會問：「佛教比較好？還是道教比較好？還是天主教、基督教比較好？」其實所有的宗教都很好，只要能夠讓大家心靈上有一個寄託都是好的！只要能夠與人為善、教人為善、能夠利他的宗教都是好的！

你想要一次信很多個宗教，菩薩當然不會反對，菩薩也不反對任何人去參加宗教的活動！菩薩是慈悲的，祂歡迎大家有不同的體驗、信仰不同的宗教、對不同宗教有所理解，都是很好的，所以菩薩的慈悲是大家都可以感受到的。

那麼在因緣際會之下，我們在接觸經文的時候，就不要有任何的罣礙了。

有些人他可能第一次接觸祈福法會，因為要念經，他戒慎恐懼覺得說：「第一次拿到經文，不知道怎麼唸，很緊張。」

有的人會擔心說：「這麼晚了，已經過了十二點了，我現在念經，阿飄不知道會不會靠近我？」「我在房間裡面念經，這樣好嗎？對菩薩尊敬嗎？」都會有很多這樣的疑問。

菩薩說，都不要罣礙！

當你在持經文的時候，當你在唸佛號的時候，你心裡面很虔誠，你對菩薩有相應的感動，那麼就什麼都不要害怕。

你不用害怕阿飄靠近你，因為你在當下念經文的時候，你的虔誠的心、恭敬的心，絕對有力量可以帶領或者是幫助你自己，甚至於把福德功德也可以迴向給祂們，你有絕對的能力，不要害怕。

一個人的心如果能夠堅定的話，去哪裡都不會害怕的。

你就算在墓園念經，你也不用擔心，因為祂們知道你會念功德迴向給祂們。當然有人會說：「沒有！我只是念經給我自己的家人，我沒有要念給祂們。」沒關心，只要你心定，就不用害怕身邊的負能量、或者是有些奇怪的磁場靠近你的，因為你是心正的，福氣自然就會來。

菩薩曾經有跟我們講過「心正福自來」，所以我們一個人的心念正向，是多麼重要！

很多人在因緣際會的情況下，他接觸了宗教。

有很多同志的朋友，他們都很習慣的念經、持經文，他們在做修行的動作。

一問之下，是因為有人告訴他們說：「你今天之所以會成同性戀，是因為你前世造了罪業，所以你這一世才會變成同性戀，所以你要去持經文。」我非常不贊同這樣的說法，而且我覺得用前世今生來說明這件事情是非常不對的！

同性戀是人，同志是人，他們跟我們是一模一樣的，他們只是因為選擇愛的人和性別，與他們自己是一樣的而已，這跟過去的罪業和前世今生一點關係都沒有，他們也不需要持任何經文去贖罪。

如果有人告訴你說：「你是同志，就是因為你上輩子做了什麼罪業，所以這輩子才會變成同性戀，這是一種懲罰」，不要相信這樣的說法！

我想會這樣說的人，對於前世今生有很深的誤解。

前世今生絕對不是拿來懲罰人的，也不是拿來當作娛樂效果的，然後也不是因為你想聽什麼，就編了一個故事給你聽，我想前世今生不是這樣的。

當然也有很多同志在這樣的訴說下，就開始唸經了，我覺得絕大部分的朋友都是因為想要有心靈上的平靜。

在過去那個封閉未開放的社會中，對於同志不是很了解，所以過去人們對於同志可能有些歧視，不甚了解的地方，所以他們不想聽、不要聽、不去聽，先活在自己的世界裡，先平靜自己的心，所以他們算是聰明的一群人，因為他們比我們更早就知道怎麼樣先安定自己的心靈，所以他們是優秀的。

大家接觸經文，可能是因為不同的原因、不同的環境、不同的事件，而讓你喜歡上念經，或者是習慣性的每天都要念一部普門品，這都是因緣際會。

甚至於你不念普門品，你覺得太長了，沒有這麼多時間，可能很簡單的就是持誦佛號：「南無阿彌陀佛！南無觀世音菩薩！」也是很好的。

騎摩托車停下來等紅綠燈，都可以念個幾句、可以做個迴向，在念完的時候馬上就說：「願菩薩做主，我想要把這個功德迴向」，哪怕是兩三句，都可以迴向給身邊的親朋好友，或者你也可以直接講說：「我將功德回向給這世界上的眾生」，很棒啊！對不對？

所以每一個人在接觸經文上，可能都會有不同的際遇、不同的原因，而讓你接觸了宗教、接觸了經文，這都是好的。

不管你喜歡哪一部經文，也不管你喜歡持哪一個聖號，都是好的，因為讓你有了一個安定心靈的方法。

有的人是很喜歡看聖經，聖經裡面有些故事有些道理，他覺得對他有幫助，也可以用這種方式來讓自己平靜下來，這都是非常好的。

所以我們支持任何一個宗教所做的任何宗教的儀式，只要它能夠為人們帶來心靈上的平靜的，它都是可以被支持跟被喜歡的。

每個人在因緣際會的情況下接觸了宗教、念經，當然有些人是在受傷的情況下接觸了宗教。

例如她失戀了，她很想跟這個男生復合，然後可能就去尋求了道教的合和術，希望能夠挽回感情，希望能夠做點法術之類的，然後讓對方可能對她的感情可以起死回生、破鏡重圓，像這樣的方法可能很多人也有嘗試過，想要挽回感情，做了什麼樣的法。

當然有些人也會說到前世今生：「因為上輩子你欠他，所以這輩子你才會變成這樣子。」

我想感情是當下的，當下的分離，一定有一些目的，有一個原因在。

兩人沒有辦法再繼續下去了，一定有一個原因在，可能你做錯，可能他做錯，可能個性不和，可能觀念不同，價值觀、生活方式不同，都可能造成長久累積不和之後分開的決定。

我們必須去學習，承認我們都不夠完美這件事情。

然後，可能藉由宗教，讓自己導向正向的想法。

例如：很感謝他曾經在我的人生當中出現，很謝謝他曾經愛過我，很謝謝他在我最重要的人生時期當中陪伴我走過來，雖然我們現在分手了，雖然我們現在離婚了，雖然我們現在分開了，但我還是由衷的非常謝謝對方。

這是一個成熟的態度，這是一個很感恩的決定。

因為愛的這麼深刻，愛的這麼濃烈，要分開來，還要彼此祝福對方，其實是一門很重要的學問的。

不管是你在面對人也好，面對宗教也好，持經、誦經文也好，最重要的就是用你的真心誠心去打動對方，去感受經文，去讓菩薩感動，讓菩薩看見你的決心，看見你的用心，這就是我們很簡單可以做到的，一毛錢都不花。

我一直在強調，大家有任何的問題，其實都不需要透由任何問事的方式。我是真的建議大家不一定要來問事，因為有很多的功課是你自己的。

就算你今天問事了，或者是我現在講了這些，甚至於你參加了法會，結束之後呢？你不願意做改變，你還是一樣做你自己要做的事情，你不願意有一點點的改變、利他，你的人生還是一樣啊，沒有任何的改變，沒有任何可以讓你更好的。

你不願意做，就算念了很多經文，就算持誦了很多的聖號，就算你有很多人愛，還不是都一樣嗎？你的人生沒有因為你自己想改變而變得更好。

大家生活當中要面對的課題，真的是要靠自己。

有的人說：「我想請菩薩給我一段話，讓我可以有一個方向，或者是我想要知道自己該怎麼樣做修正，可以讓自己更好。」我覺得這非常好！你可以藉由菩薩給你的一段話，檢視你自己的生活，跟檢視你自己對人生當中的態度，當然是可以的。

也許你現在正好遇到工作上的變動衝擊，感情上面分分合合，或者是你發現自己根本不適合對方，甚至於你可能發現自己比較適合一個人，或是你發現自己真的很依賴對方……，什麼樣的方法跟什麼樣的決定對你來講是最開心、跟最快樂的，你就去做。

不要傷害別人，以利他為前提，然後學習著理解，理解別人的決定，老闆的決定，上司的決定，辦公室小人的決定，你能夠理解他為什麼這麼做，因為他的個性就這樣，你能夠理解，對你來講，生活會比較輕鬆。

你不會因為別人沒按照你的步驟做，你就生氣了；你也不會因為別人沒有達到你的期望，你就生氣了，因為你都能理解了！

理解對方達不到你的標準，理解對方跟你有不同的價值觀念，理解對方跟你本來就不同面向、或者是不同的看法、不同的個性，甚至於來自不同的家庭，對事物本來就有偏頗、主觀獨斷的建議，這些都是好的，因為讓你瞭解了對方跟你不同的地方在哪裡。

所有的關係都是緣分，因緣際會讓我們曾經相聚，彼此珍惜，相互感恩。

試著去探索自己，跌跤了也不害怕

有的人說，他很害怕小孩跌倒。

小孩跌倒，就讓他跌倒。

我們從小到大成長的過程當中，也一直不斷的在學習撞壁、撞牆、跌跤等等，可能都沒有人拉你保護你時，該怎麼辦？

路是自己走的，該怎麼樣站起來？眼淚擦乾，然後就是繼續站起來，往前走了！

傷口還在流血也是要往前走，哭著、留著鼻涕也是要往前走，因為你必須先站起來，你必須繼續走下去。

不可能站在原地不動，一直不斷的哭，希望別人來拉你一把。

只有你自己願意站起來的時候，別人才會看見你站起來了。

大家遇到任何困難挫折的時候，一定要記得，跌倒了，沒有人可以幫你，第一件事情一定要是自己先站起來，你就算哭著、罵著，你都必須先站起來，然後才能繼續往前走。

有的人說，他常常在感情當中跌跤，常常看錯人，怎麼認識了之後才發現對方跟自己當初想的不一樣。

這是好事啊！總比你一輩子都不知道他跟你不一樣來得好啊！對不對？

你現在跟他相處沒多久，你就知道他跟你不一樣了，這是一件好事！因為你瞭解自己沒辦法接受那樣的人，沒辦法跟那樣的人一起生活，或者是你忽然間發現他不喜歡你了，這都是一件好事！

而不是等到時間過了很久，談戀愛很久，結婚了，後來才知道的。

所以能夠知道，都是好事！就算結婚了二十年之後才知道、才認清、才看清，都是好事，在你往生之前看清了都是好事，因為都是一種學習，都是一種認知，都是一個理解，因為你能夠瞭解了。

所以不管遇到任何挫折，記得先站起來很重要，站起來了才能繼續往前走，那麼咬緊牙關繼續往前走的時候，就是要拿出你的勇氣來了，任何事情都沒有來不及的，一定都來得及。

你說：「來不及了，我已經幾歲了，我已經來不及了，我再也遇不到真命天子了。」不會的！一定會遇到的！只要你覺得你是一個可愛的人，是一個勇敢的人，是一個值得被愛的人，一定會遇到那個人的。

不要害怕，不要有這種灰心的想法：「我再也等不到了，看不見了……等等的」，人生就是要一直不斷的存在著希望，讓我們繼續努力的走下去。

希望大家設定當下的目標，也希望大家能夠同理、理解別人的決定、別人的感受，甚至於不要去預期你做了改變之後別人會贊同你、認同你、鼓勵你，不一定！因為這是你自己的決定，不是因為想要得到別人的認同而去做的。

就像你也不是為了要得到功德而去念經的，可能只是單純的很想要讓自己心裡平靜，所以你選擇了念經文。

有的人是認為說：「我覺得我每天都可以持一部經文」，沒關係慢慢來，那是你對自己的期許，不是對菩薩的交代。

菩薩特別請我提醒大家，有些人在祈願文裡面寫了很多自己的願望跟祈願，結果隔天他就做不到了。

菩薩會怪人們嗎？其實不會，因為這是你自己對自己的期望。

你如果說了一個願、發了一個願，結果隔天就做不到了，你自己也會笑說你自己的意志力怎麼這麼薄弱，隔天就忘記了，這也是有可能的。

菩薩說，如果發了願，做不到，其實就是跟菩薩懺悔，然後可能換個方式是你可以做到的，或者是你利用這一段時間檢視你自己：「我那個願望寫的太大了，我可能做不到，我換一個願望。」都不一定要透過法會才能夠去說這些。

也許你現在很需要菩薩，也許你現在真的沒有人瞭解你，沒有人理解你，沒有人站在你這邊聽你說說話，或者是沒有人拉你一把，你都還有菩薩在，你可能也有你宗教的主神存在著，這些都是很好的依靠。

只要你有心想要停下來看一看，這世界都是你的，這世界都會為你停留的，因為你想，所以你是這世界中最重要的人。

你為你自己的生活做改變，是為了你自己，不是為了你的爸爸媽媽，也不是為了你的孩子，也不是為了你的另外一半，你是因為你想要有一點點不同的人生、不同的想法、不同的態度而去做的修正，希望別人可以用不同的角度理解你，甚至於你可以展現出更有潛力的那一面、更不同的你自己，那麼你就要試著相信你自己，任何事情就是儘量只想當下。活在當下，我們就想當下的課題。

前世今生的課題

有些人跟我說很想問前世今生，其實我現在都不太願意回答前世今生。因為我很擔心如果有些人他把前世今生拿來作為要脅對方的一個論調，這都是我最不想看見的，因為前世今生不是娛樂，前世今生也不是拿來問問題，不是問好玩的，這是一個嚴肅的課題。

前世今生是拿來解決問題、跟認知自己、跟看見當下今生的課題，它不是娛樂。

所以有些人說：「我們來看一下藝人前世誰是誰的誰，然後他們發生了什麼事情……」，我都鑾嗤之以鼻的，為什麼要講這個話來增加娛樂性呢？如果有人因為聽到了這些而認知錯誤了，怎麼辦？

我覺得前世今生是要非常小心回答的，如果菩薩有給我們看見那個畫面，我們才能夠根據那個畫面來分析前世今生到底發生了什麼事情，那才是對的。

如果你不能看見、無法看見、不能知道、無法知道，請記得，你現在這個肉體活在當下，只看現在好嗎？

前世今生跟你現在有影響，但絕對沒有完全直接的關係！

就算前世有連結，但今生的做法和選擇是最重要的，要改變前世，也得靠今生的智慧。

我承認我們人跟過去有些習性、習慣、個性，可能有一些連結、有一些因果，我必須承認的確有一些牽連，但這一世當下的你想要做什麼樣的改變，這才是最重要的！

哪怕前世的人他欠了你，你這一輩子不好好接受他要還給你的債，你們怎麼好好走下去？

所以都是跟當下心情、當下態度跟想法有很大關係的，現在這個當下的你才是最重要的。

我也希望大家儘量不要喜歡聽那些戲劇張力的故事，因為人其實很平凡的，人真的要努力的把當下的課題完成，才是最重要的！然後好好的當人、好好的把人生過完、讓自己活得好好的，這才是最重要的重點！

學習所謂的理解跟適應，都是好事。

你們在適應，我也在適應，大家都因為生活上、社會上不同的變動而努力有了不同的改變，我們就試著學習接受這些改變，對我們來講都是好的。

接受生命當中對我們有很多的衝擊挫折，都是最好的改變跟最好的禮物，因為它讓我們檢視自己當下的課題，努力學習，加以修正。

不要忘記，人生願意做一些改變，比知道前世更重要。

人願意改變，才是真正的改變，嘴巴上面講的都只是願望而已，真正的願望要能夠實現，就要靠你的行動力，靠你的改變開始。

因果輪迴

有的人會說：「我在今生做的事情，會不會到下一世就展現出來了？」很多事情可能是在這一世就會有因果現世報的，也許不用等到下輩子。

我們現在所遭受到的痛苦，可能跟前世有關，但也有可能絕大部分跟你這一世的個性、態度有很大的關係，跟前世無關。

也許前世讓你經歷過了什麼，所以讓你這一世的個性變成了這個樣子，你在看見事情的時候，有了不同的想法跟做法，所以你做了這樣的決定，當然這是非常有可能的。

可是現在活在這個當下的人是你，你應該要做什麼樣的決定、做什麼樣的抉擇，自己現在維持清明理智的頭腦，這是你自己可以做的抉擇、可以做的改變。

如果我們在談論前世今生的時候，總是把前世拿來當作背書：「因為我前世就是一個怎樣的人，所以我這一世就這樣，沒辦法！」那是你對今生不負責任的一種說法。

因為不管你前世遭受了什麼，你可能很辛苦，在這一世要面對很多的課題，但那都不能成為你不夠勇敢的藉口。

如果你無法得知前世經歷了什麼，那麼就別去看、別去管你前世經歷了什麼，只需要看你今生當下，應該要面對這個課題，你的勇敢在哪裡？你的態度在哪裡？你的做法是什麼？只需要看當下就好了。

也許你前世因為過度於害怕恐懼的人格，造成了你現在面對很多事情的時候，總是用逃避的方式來解決，那麼既然你瞭解你自己，可能你又牽扯到「因為我前世可能是一個什麼樣的人，所以我今天這樣子」，沒關係，如果你要把它歸咎在前世因為遇到什麼、所以今生變成這樣，你是不是也應該因為前世那樣，所以今生更不要那樣？

如果你替自己找了藉口，那麼也應該為自己找一個理由跟方法，跳脫前世的框架，想辦法讓自己在這一世重新開始，變得更不一樣。

有的老師在分析前世今生的時候，都綁架了前世，有些人會說：「因為你前世是一個什麼樣的人，所以你在今生就會遇到這樣的問題，你就要認了！」

我覺得根本就不要認了！你的人生現在是你自己的，為什麼要認命？為什麼要認份？你就是要努力的做到最好，你就是要想辦法改變今生，前世的都已經過去了，你現在能夠彌補的，跟你當下能夠做的，不就是這一世了嗎？

哪怕前世對不起某個人，你需要努力的償還，不就是在這個當下了嗎？

假設今天有前世被我傷害的人出現在我的身邊，現在我又再遇到他了，不管他是要來討債的，不管他是要來償還恩情的，我都很高興今天竟然能夠讓我們相遇了，然後，我們就應該要好好的把握現在可以跟他相遇，可以跟他一起相處。

也許他是要來討債的，不管他對我多麼的不好，我還是要對他好，我還是要很努力的做功課，把前世今生我欠他的，趕快在這一世努力真心的償還完畢，這樣子到了下一世也許我們就沒有牽扯了；說得更近一點，也許在這一世我們就償還了彼此之間的債務，我們都會變得更好了，這樣不是很好嗎？

很多人都會說：「到底前世是真的還是假的？」其實不管你能不能知曉前世，不管你能不能看見前世，最重要的，其實就是把握這個當下了。

有一段時間，我不太幫別人看前世今生，因為有些人來看前世今生的時候，他們都會把他們在坊間看的前世今生再拿來問我一次：「老師！我去了另外一個老師那裡，他看到的前世是怎麼樣的，因為我沒想到我前世竟然是那樣的人，然後就讓我傷心難過了好久。」以致於他可能因為太難過，所以他沒有辦法好好過自己的生活，這讓我覺得看前世今生對大家並沒有幫助，所以有一段時間，我蠻抗拒跟排拒幫別人看前世今生。

我覺得幫別人看前世今生的老師，一定要講得很清楚，讓你了解到從畫面當中看到的前世到底深具什麼樣的意義，對你現在是有幫助的。

假設我們從前世看到畫面，你一直都是一個非常害怕擔心擔憂的人，那個個性如果帶到今世來的話，如果你還是處於擔心擔憂，沒有發生的事情一直不斷的在擔心，那麼你今生當然沒有辦法放心、沒有辦法過得很好。

所以最重要的，其實應該是如何讓自己學習更勇敢，很努力的去過自己想要過的生活，能夠盡量盡可能的追求現在豐富圓滿的人生。

看前世今生，不是一種娛樂，也不是一種消遣，是一門功課，可以讓你看見更多今生的課題。

你當然可以來找我看前世今生，可是看完前世今生後，我真的希望你可以做一些改變，而這些改變是為了要讓你有更好的生活，然後讓自己學習得更多。

所以我希望大家看前世今生，可以幫助到當下的自己，還有去努力的面對你人生現在面對的課題。

之前有些朋友在面對生命的無常時，會選擇逃避、選擇放棄，不知道要如何走下去的時候，他可能就會想來看前世今生。

有時候我們在面對人生未來未知，是一種茫然，是不是應該花點時間讓自己去思考？如果只是來找我問事，希望我可以幫你的選擇背書的話，我覺得我是害了你。

因為我的工作應該是幫助你學習如何選擇自己想要的目標跟選擇自己想要的答案，而不是直接給你一個答案，讓你直接做選擇，這樣好像就沒有幫助到你思考了。

所以有很多時候，我都希望問事的人可以去思考一下這個問題，其實如果你自己就可以決定的，那麼就花一點時間，自己來做決定，自己做自己的功課。

瞭解前世的我們，其實是為了讓今生可以過得更好，也讓今生可以面對該學習的課題，讓我們的靈魂可以懂得進步跟成長。

我還是希望傳遞正確的訊息給大家，希望大家學習用智慧去面對你的人生，不要有太多負面的情緒。

我們的努力就是為了要讓人生可以不苦，不要活得這麼累。

但講實在話，沒有一個人可以不苦的，也沒有一個人可以不累的。

既然我們有這樣的認知，我們也知道人本來就是如此的辛苦，我們知道每個人都是一樣的，一出生下來就是來學習的，來經歷今生所有的課題。

當你是用這樣的心態在看你的人生時，就不會感覺到那麼辛苦，你就會覺得：「我現在遇到這個問題，就是來學習的。我現在會遇到這樣的人，他是我的逆境大菩薩，我就是要在這個人身上學習，所以他是我的逆境菩薩。」

你的想法如果永遠都是正向的，你身邊的人就會永遠賜予你正向的能量。

每個人的課題都不一樣，可能有的人會看見別人比你好，有的人會看見別人比你糟，這就是人生。

「為什麼我這麼的辛苦？為什麼他被對待的這麼好？為什麼我要經歷這些傷痛？」生命就是如此，沒有公平性，所以我們其實都是一直不斷的在接受，然後記錄下來我們學習成長的軌跡，未來其實都是可以運用的。

希望大家在社會當中彼此幫助對方的時候，能夠用真心誠意去幫助需要幫助的人，因為只有你一直不斷地給予更多人愛、更多的包容、更多的尊重，你的身邊也才會得到更多的愛，得到更多的包容，有一天你如果真的要回家的時候，你知道自己此生所做的沒有對不起任何人，這就是很棒的了。

慈悲心善心修行

感同身受

人生本來就是會有很多不可思議的過程跟難得的經歷，但一定要勇敢。

你有遇過人家失戀，然後自己哭的比失戀的人還要傷心的那種狀態嗎？

有的時候我們人因為會將心比心地一想到別人的處境，然後就會衍生一些想法，例如，你可能擔心那個人發生了什麼事情，進而產生很多的同理心去對待他們。

我看到愛班同學的留言提到失去親人的痛苦，很多愛班的同學都有給他很大的鼓勵，我想這段日子對他來講也不容易。

當我們面對愛別離生死苦的課題，總是格外的揪心，但也讓人學到生命課題的重要；往生親人也是我們的菩薩，祂用祂的生命教會我們生命的課題及生命的意義，它總是用一種不經意的方式，在生命當中讓我們有所體會。

你說祂不在了嗎？但我相信祂是存在著，因為祂在看顧著我們；我們在世的人，一想到往生者的一切，其實都會牽動著祂們，是好事，因為這個人在世的時候留給了我們很多很美好的回憶，我們會想念祂、會感恩祂，想起祂會難過，會流淚，會傷心，會心疼，甚至會不捨，都是很正常的情緒，都是很好的。

因為有些老人家會說：你不要想祂，你太想祂，祂會擔心。

其實不會的，你越想這位往生親人，就會越感恩祂曾經出現在我們生命當中，給予我們教育－生命教育；也就是說代表祂此生在我們生活當中，在我們生命當中，佔有極重要的地位，對我們有著非常深遠的影響。

所以今天祂的離開，對我們而言，才會是如此的震撼，然後讓我們這麼的不捨。

其實，越想念祂，祂的功德越大。

因為祂的愛一直到祂離開了，都還延續著，都還存在著，都還在我們的心裡面迴盪著，就代表著此生做人是多麼成功啊！所以，有時候你去想念祂是好事，希望大家不要害怕去想念往生的親人，去想念你往生的親人，因為他們的存在的確給了我們很多生命上的意義跟價值，也希望大家都去感恩曾經出現在我們身邊的人，因為他們的確紮紮實實，實實在在地在我們的生命當中留下了某些課題，讓我們去思考，讓我們去體會，更讓我們見證了生命是會消逝的。

人與人之間的情感，不會因為人的離開而不見了，或者是淡忘了。你可能會越來越想祂，可能會越來越感恩祂，於是你更懂得珍惜現在的人生，以及當下出現在你生命當中的每一個人。

我覺得這些生命的教育都是非常有意義而且值得珍惜的。

想念過去已經離開的人，不管是真正離開人世，或者是在人世當中，可能是跟你因為國家或是地理上的分別，暫時不能見面的，其實都知道對方存在在對方的心裡面。

人跟人之間的情感不會因為距離多遠，然後就有所分別。

何況祂離開了這人世間，你很想念祂，那個感情還是依然存在著的。

人生選擇權

有的人想要問事，遇到問題都不願意自己做決定，想要請菩薩幫忙做決定。例如說我要不要跟這個男朋友在一起？我要不要跟他分手？我要不要跟這個人結婚？他是不是適合我的對象？我應該選什麼樣的科系？

這些都不是菩薩的問題，這些都是你自己的問題，你要不要跟這個人在一起，是你的決定，你能不能夠跟這個人結婚，也是你要努力的。

你必須先學會瞭解你自己，才能為你自己的人生做決定，不是來問菩薩哪一個人比較好，能不能結婚⋯，請菩薩幫你做決定，這個不是菩薩的課題，這是你的課題。

此外，有些媽媽們會幫孩子們來詢問，例如，孩子現在幾年級了，然後不知道他未來適合做什麼？請問：我們現在活到二十八歲了，或是三十歲了，你知道你自己未來適合做什麼嗎?我們可能到現在都還不知道呢!

人生每一個當下都一直不斷地在變,你沒有辦法給你的孩子一個明確的答案。

因為你可以做的,就是鼓勵你的孩子去嘗試,嘗試失敗,嘗試跌倒,嘗試追尋夢想,而且你能做的就是支持他去找尋自己的夢想。

有些孩子不知道自己要做什麼,可以做什麼,對什麼有興趣,如果爸爸媽媽不能夠支援他,或者是試著開發,甚至於陪伴他去尋找,就會急著想要讓孩子趕快知道自己要做什麼。

我們應該去想一想,我們到了幾歲才知道我們要做什麼?可能到了四十歲都還不知道自己要做什麼。

所以,你何必逼一個十六、十七歲的孩子,馬上要決定自己的人生未來要做什麼。

也許他現在選了某個科系,念了兩三年,忽然間說他不想讀了,他想要去轉系，他想要做什麼，他想要重考……。

有的爸爸媽媽崩潰了，其實，我覺得不管他做了什麼決定，都是好事，因為他忽然間發現自己不適合什麼，想要做什麼，這都是好事，不是嗎？

就像有些人可能談了戀愛七、八年了，忽然間發現他好像不是我所要的，於是就跟對方談一談就分手了，不是不好，而是人們在覺察的過程當中，忽然間覺知到了自己要什麼，都是深思熟慮之後才做的決定，這個我們都可以鼓勵他。

但我不鼓勵在不負責任的情況下做決定，好像都有別人來幫你收拾爛攤子，不是的，而是當你在做任何決定的時候，都必須是要認真地想過，想清楚之後再來做決定，這個是對自己負責任，你做的決定是你自己的；像有些爸爸媽媽幫孩子做了決定之後，後來孩子覺得不適合的時候，就反過來責怪爸爸媽媽說：當初都是你們的決定害我的，都是你們叫我做這個決定的。

事實上，原本做決定的責任不都是孩子自己應該要承擔的嗎？所以，幫孩子做太多的決定，反而有礙孩子們的發展。所以，在登記問事的時候，如果有人是問孩子們未來應該要念什麼科系，孩子未來適合什麼，我都是一律不回答的。

像這樣的問題，我通常都是會告訴你說：讓孩子去尋找吧！你要不要換問題？因為基本上，我幫你稟報菩薩這個問題，菩薩通常都還是會回答說：讓孩子自己決定吧！所以，我覺得這樣你是浪費問事的機會了，還不如問一些更重要的問題，這樣會是比較好的，例如，你今生來學習的課題是什麼？或者是問：菩薩有沒有什麼話想要對現在的你說？鼓勵你的，或是警惕你的，我覺得你不妨可以問諸如此類的問題。

每一個人在不同的階段，本來就會遇到不同的課題，需要做修正的，沒有人是完美的，我們都是一直不斷的在嘗試錯誤，嘗試跌倒，再站起來，然後再選擇前面的方向，以及前面的路途；也許沒有辦法馬上就看得到前方的道路，或者是前方的景物是什麼，但總會在慢慢走的過程當中，逐漸知道自己想要什麼。

以前不知道的，自己在未來或者在現在慢慢清楚了，慢慢明瞭了，你就會發現這一切探索的過程，其實是非常難得的。不要害怕失敗，不要害怕跌跤，因為人身難得嘛！我們這個身體到了此生，如此難能可貴，這麼難得，我們就要拿來做修行的功夫，做修行的功課，很多愛恨情仇都在我們的生命當中，很多生離死別也在我們的生命當中，能夠日求精進，以及如何讓自己可以越來越好，才是我們應該要一直不斷努力的過程。

人生沒有不苦的，怎麼樣在苦的當下還能夠感恩他人，跟領會在這些成長的過程當中，如何越來越棒，越來越堅韌，越來越強壯，越來越勇敢，這才是我們值得驕傲的地方啊！

人生就是一直不斷地探索，一直不斷地尋求知識上的增加，跟累積智慧的過程；只要有任何可以讓我們學習的地方，任何可以讓我們學習的機會，以及任何跟他人相處過程中，可以讓我們獲得知識及值得我們學習之處，都是我們的菩薩，都是我們生命當中很重要的菩薩，因為你可以在這個人身上學習做人處事的道理，或者是他應對進退的態度，甚至是他的倫理道德，以及學習這個人如何自律，都是很棒的。所以，任何人對於我們生命而言，都是非常有意義，而且是值得的。

人生的選擇權都在我們自己身上，要為自己的選擇負責任，所以請務必謹慎小心做選擇。

愛無敵，善無懼

我們今天談的一個課題就是「愛無敵，善無懼」，有的人說其實善良好像常常被人欺負，但如果我們都不要去想被欺負這件事情，不要老是去想我們一定要佔人家便宜，或者是我們的人生當中什麼都一定要贏的話，那我們就有很多事情都會計較不完跟擔心不完，而且心裡面一直永遠都是不開心的，那我會讓我們的人生目標失了焦。

因為如果你把這些重點放在我要怎麼樣贏得這些，跟贏得我的人生，跟我要成為一個什麼都贏的人，那會讓你變得越來越不快樂。

你應該要想辦法告訴自己：「我要成為一個擁有愛的人，並成為一個很善良的人。」我想你在基於愛跟善的基礎上，無論遇到什麼的人事物，你用這個觀點去看待他們，人生就不會有太多的煩惱及憤恨，也不會有遺憾，你就會覺得這就是我在人生中必須經歷的事情，我覺得這是一種不同愛的表現。

如果可以用這樣的角度去看待每一個人所遇到的事情，我們以充滿的祝福所給予對方的能量就不同了。

而一個人心中身上所處的能量場，如果都盡是感恩，都是愛的話，我想他沒有太多的憤恨在心中；他沒有太多的遺憾在心中，人生有很多事情就會變得比較不那麼執著了，就能開始學習把重心放在讓自己的心靈漸漸安定起來，更讓自己真正學習快樂。

有人留言告訴我說：他到了四十歲才開始知道如何真正讓自己開心，原來這一輩子一直不斷的在努力念書，只為了讓爸爸媽媽覺得自己是一個乖孩子，然後達到父母親的期望，然後出了社會拼命地賺錢，想要存錢買房子，想要成家立業。可是後來發現：在這些追逐夢想的期間當中，他沒有鬆懈過一刻。當然，很認真地對自己負責任，這樣的態度當然是好的，因為他就是努力地在營造自己的人生，以及經營自己的人生；可是，後來他慢慢覺得：他這一輩子很努力地要做的事情，就是如何讓身邊的人開心。

他的重點在於：別人開心了，他就開心了；別人只要覺得安心了，他就安心了。

所以，他一直都把重點放在身邊的人身上，一見身邊的人不高興、看不慣、不開心、難過、傷心、擔憂等，他就開始很緊張了。

後來他慢慢覺得：他怎麼把大家的情緒一直放在自己的身上，背在自己的身上；要去擔憂如何與上司及同事們共處，擔憂在生活及職場上遇到小人；擔憂家庭當中遇到的紛擾，要去擔心爸爸媽媽身體健康上的問題。

雖然以上的擔憂是很正常的，但過度去擔心周遭的人、所遇到的每一件事情，漸漸地，他開始忘記自己了。

後來，他發現自己四十歲了，從來不曾問過自己真正想要的是什麼？從來都不曾問過自己：做什麼事情是會開心跟放鬆的？後來，他瞬間想到是不是應該做些讓自己稍微開心的事情？於是他就嘗試的去騎腳踏車，去健身房運動，去戶外走走，甚至於跟喜歡的人去看一場電影，而且做些沒有壓力的事情是很放鬆的，就算跟好朋友聚在一起，靜靜地坐著喝一杯咖啡，聊聊工作上的問題，聊聊生活上的大小事，他也覺得是放鬆的，忽然之間覺得好像為自己而活了，有關心自己到底想要什麼，而且做了什麼是會讓自己真的覺得還不錯的，而且是一種嘗試，一種發展，忽然間覺得這樣子真的還蠻不錯的。我想，大家應該都要去想一想，自己真正覺得放鬆的時刻是什麼，不是想做的事情而已，是你覺得在做這件事情的時候，不僅得到快樂，還可以得到心靈上的放鬆，身邊的人不會給你壓力。

有時候即使跟朋友出去，或者跟一群朋友聚在一起，不管熟也好，不熟也好，可能你都沒有辦法真正地放鬆，因為你還在做他們希望你做的樣子。

但如果你可以跟一群人在一起，你是無時無刻都可以做你自己，可以大剌剌地說你想說的話，可以大聲地笑，可以不顧形象，然後可以讓你在他們身邊就做你自己，我想，這是最幸福的事情。

所以大家可能要想一想的是：什麼樣的情況下，以及做什麼事情，是真正可以讓你達到放鬆的，是真正讓你覺得可以做你自己的，而且不會擔心害怕說錯話，或是擔心對的人突然間不愛你了；或是擔心你少做了什麼，某個人就開始斤斤計較批評你，要求你，跟他相處在一起是有壓力的，跟他講話都是有壓力的。

這樣的生活就太累了，就應該要想辦法去改變這樣的情況，可能要跟對方溝通，可不可以不要給你這麼大的壓力。

我想，都是可以溝通的，都是可以講的；講了之後，溝通了之後，對方才會知道你要什麼。所以，我們有時候不要一味地怪別人不了解我們，有的時候，我們必須說出自己的想法，才能幫助別人了解我們。

別讓魔鬼住進你心裡

之前我有出版過一本書叫做《別讓魔鬼住進你心裡》，那本書在寫的時候，我是希望大家不管你我身邊遇到了多大的惡，或是多壞的人，你都要能夠堅持自己的善良。

像最近我在處理某些事情當中，就看見人性當中最惡的一面，當時，我真的覺得這種人很可憐啊！因為他心中就是每天都想著要怎麼樣算計別人，每天都在想要怎麼樣可以贏得他想要的，或者是怎麼樣可以自私地過著自己想要的生活。這種人我真的覺得好可憐喔！因為他都要從別人身上掠奪很多的愛，關心，錢財，物質，工作的業績，這樣的人其實是很辛苦的，所以，不要以為那種成就感很高的人，或者是說現在都沒有遇到任何瓶頸的人，他們過得很快樂。

其實，他們可能也有他們自己潛在的壓力，跟可憐可悲的一面，尤其是有些人，他們在別人身上掠奪了很多的愛，騙得大家很多的愛，得到別人的同情，利用別人給予他的愛，然後做了一些不該做的事情。我都覺得是很可怕，也很可憐。

當然，我們也不要利用別人的同情心，而得到你自己想要得到的，這個也不應該。

所以，之前我寫那本書《別讓魔鬼住進你心裡》，其實都很鼓勵大家要不斷地檢討自己、檢視自己，不要讓魔性入了自己的心，讓我們的魔性遠離。

我想，我們都需要找到一個依歸，跟一個方向，學習如何讓自己的心情平靜，當你知道有一些憤怒仇恨的情緒出現了，就要趕快讓它離開你。有時你可能聽到某些人有一些成就的時候，你會有一些忌妒的心，甚至覺得他憑什麼？會有這些貪念執著或是憤恨的心，我們都要去看看跟了解為什麼我們出現了這樣的念頭？明明人家表現得很好，明明人家過得很幸福，為什麼我們就不能夠好好地去祝福別人？

人家真的過得很開心、很快樂，為什麼就不能夠真正打從心裡面看見別人幸福，自己也感覺到很幸福。

你看到你朋友真的很幸福，當下你也真的感覺到很幸福，我可以說：你真的是一個非常好的朋友，跟非常善良的人。

因為你沒有讓你的忌妒心跑出來吃掉了你，佔據了你，我覺得看見別人幸福，尤其，看見好朋友幸福，自己應該高興才對。所以，我希望大家都在內心當中，尋求一個平靜的方法是非常重要的。

我一直都相信人性是善良的，所以，人的心中偶爾會存在一種惡質，而產生這些惡質的原因，其實是因為人們在追求權利及滿足慾望的過程當中，甚至可能有些是鬥爭的時候，讓人產生貪念，這些人就會生出邪惡的本質，就會開始有一些慾望；當慾望無窮無盡增加的時候，很容易讓人失去方向，可能進而引發內在潛在的惡質，這個惡質就是你以為要堅持的跟執著的想法是對的，你已經分辨不出來什麼是不好的人，你覺得這想法再繼續堅持下去是對的，所以，你已經沒有辦法去分辨了。

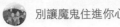

那麼，這些惡質是誰的？是你慾念出現的。

你做任何事情的時候，不用跟任何人交代，只要你自己真的開心也不妨礙他人就好了。你不用去管別人怎麼看你，用什麼樣的眼光去評斷你，不要去在意，你做自己，開心就是好的事情了。

所以，當有些人遭受到一些集體攻擊及傷害的時候，我們都會生起憐憫之心，會想：不要再有這樣的災禍下去了。

當我們看到某些人在網路上霸凌別人的時候，你不要成為加害的人，我就覺得已經夠好了。你看看現在網路上的發達，很多人都在做鍵盤傷害別人的事，成為暗箭傷害別人的人，明明就不是當事者，也沒有求證，也沒有聽到當事者在說明這件事情，然後，大家就發動鍵盤的攻擊、按鈕的攻擊，就開始發表自己的言論。然後講的那些言論可能都是傷害了別人的，因為你不夠了解就在那邊討論和八卦的時候，其實無形當中，都傷害了別人。

不要太去管別人的事情，更不要成為攻擊別人的那個人，或者是霸凌別人的人。

有的時候，我們真的要有一點點的慈悲心，看見別人受苦的時候，要懂得難過，然後能夠真的想想：「如果是我，我會怎麼辦才好？」同理心是真的非常重要的，我們也去檢視一下自己，是否為一個有慈悲心的人。

我相信每一個人都有，也一直都相信每一個人的人性都是善良的，看見別人痛苦的時候，也會覺得難過的。

當然，不可否認有些人在對於某些人做任何事情的時候，充滿著仇恨憤怒，他們看見別人的痛苦，尤其是看見敵人或競爭對手痛苦的時候，他們就會覺得好像得到了某些的快感。但我相信愛班同學都是善良的，不會是這樣想的。

就算有時候你看見有些人會去發出那些仇恨和霸凌的文字，我希望身為愛班的我們，就算沒有辦法控制全世界的人，我們都不要這麼做。

我真的希望如果你認識菩薩，如果你也相信你心中的主，不管任何宗教都好，如果你看見網路霸凌，或者看見網路在批評某一個人，也許你針對這個網路世界你也很生氣，但請你生氣歸生氣，不要任意的在下方留言謾罵那些人。

也許他真的做錯了，但我們不需要多加一句話去謾罵他，讓我們心裡感到痛快，讓他覺得讓他知道他錯了。

因為一個不知道錯了的人，你就算罵了他無數的言語，用無數的文字批評他、鬥爭他，他也不會覺得自己是錯的。

我想如果你真的對某些事情有不平之鳴，就放在心中，你知道以上那樣的做法是不對的，你了解了，那就放下了。不一定要透過文字來宣洩你的情緒，不一定要透過文字讓對方知道你有多氣他。理智一點方式，有智慧一點的方式，就是你理解到他做了這些事情，他自己終該負起責任並承擔因果的。

你不用擔心這世界不公平，你不用擔心因果不公平，因果的公平與否不是現在他做的某一些惡的事情，馬上就會遭受到報應的，不是這樣的。因為因果的計算其實是非常冗長的一個過程，當你在做這些事情的時候，它可能已經連結到了三十年以後；你遇到了某一個問題，那這個因可能是在三十年之後才能發生的果，而聚集在一起才能夠變成一個更大的果。

有的人說：「我等不到那時候。」但事實上別人的因果不是用來讓你等的，而是他自己要承擔的。

所以每一個人做了什麼事情，不要以為逃得過因果，它都是在若干年後都是自己需要去承擔的。

不要以為我做了那麼多善事，應該可以抵過了吧！善事歸善事，很多事情還是需要自己真正改過，跟真正從此以後警覺不做了，你的善、你所做的善事、你所懺悔的，才能夠開始進行彌補、補償，甚至有可能承受比較輕的果。

我希望大家都不要當鍵盤殺人的那個人，或者是在躲在鍵盤後面批評別人那個人。

選擇做一個善良的人

我們都必須做一個善良的人，就算別人犯的錯，你心裡很生氣，那就深呼吸一口氣並告訴自己說：「他自己做的他自己受。」這樣就好了，那你也不會讓憤怒的情緒一直持續到整天，都氣到不行。我們要有理智的智慧，去判斷每一個人做的事情，其實都是要為自己付出代價的，不管是什麼原因，什麼事情都是如此的。

我在《愛無敵，善無懼》這本書裡面，其實有談到所謂的人性慈悲觀，這本書其實有很多的部分都在探討人性當中的變化。

人性其實是最難掌控的，你可以發現這個人明明很好啊！怎麼忽然間變成一個大惡人。其實有很多時候，人性在這些生活當中的貪慾慢慢地起了的變化，就會讓我們產生不同的選擇。

有些事情我們本來就可以選擇做或選擇不做，所以看見一件事情，你可以選擇做與不做；要不要再加害那個人，你也可以選擇做與不做；看見那個人犯了錯，你要不要上前去罵他或踹他一腳，你也可以選擇做或不做。

在辦公室裡面看見小人如此囂張，然後氣焰如此跋扈地欺負這麼多人，你也可以選擇做或不做，都是自己的選擇。

沒有人可以告訴你做或不做哪一個是對的，哪一個是不對的，因為做不做都是自己的決定，而且都要自己負責任。人性其實真的是最難掌控的一件事情，因為人性有太多的變化了，會因為所發生的事件不同、不同的個性、生長背景跟自己的利害關係都不一樣，所以，會牽扯到很多層面的改變。

原本很善良的人，也可能會因為權力的操弄，或者沒辦法控制追求金錢及慾望，或者因為團體形成壓力，他的人性原本是善良的，卻因此而起了改變，變得貪心貪婪了。

譬如說有些人在當會計或財務，他偷偷地A了一點點錢，例如一百元，沒人發現，A了二千元沒人發現，後來他的慾望及貪念就越來越大，一萬元也沒人發現；反正公司錢很多，就沒人發現，然後陸陸續續A了越來越多錢，都沒被發現，他就覺得可以大幹一票了。以至於後來我們看到很多公司被掏空的，可能都已經被侵佔了上千萬。所以，這些人原本都是很善良的，為什麼都變了呢？都是因為人性很難操控，而且他們的慾望及貪念讓自己的人性起了變化，被魔鬼抓到啦！心裡面只要有起一點貪念，越來越有惡心的人，常常會被魔鬼掃描到，魔鬼就會覺得：哇！這個人貪心，好哇！那魔鬼就可以找這種人，然後魔鬼開始在他身上佈局，然後為什麼人會成為魔鬼？為什麼魔鬼容易讓別人相信，魔鬼都會佈局，善良的樣子，天使的外表，然後邪惡的心，後來才會稱之成為魔鬼。

就是因為人心起了變化，所以無法掌控了。我們也可以大概了解到：人性其實是很難預料的，無法掌控的，而且甚至是沒有一個規則可循的，只有不斷地透過自我的檢討，自我的檢視，才能夠了解到就是我們不能夠有什麼變化，是因為我們要堅持自己的善良，我們不能控制別人，但至少你可以控制你自己。

當你發現有些事情是難以掌控，或者是不能夠抗拒的時候，你會知道人性開始起了變化了，你了解這是人性的變化，就可以開始了解跟分析，進而告訴自己：「別人在變，我不能變。」因為人性已經在變化，或者是趨向於惡的人，他會一直不斷地說服別人，跟說服自己，做這件事情沒有錯啊！我是對的啊！也就是說當你發現一件事情的時候，人都有不同的想法；有的人選擇可以接受，有的人選擇不能接受。

就算他是不好的，也可以被接受，是因為我們都知道懂得尊重別人的決定。所以，有時候我們面臨到別人的改變時，或者是說你看見別人已經在變了，你可以告訴自己的事，這就是人性的變化，他們都可以選擇自己想要做的，而所有的選擇都是自己的，他們要不要變是他們的事，我們也管不著，也管不到，但我們唯一能夠管到的，就是控制自己。

我們要學習用大慈悲心去體諒一個人，也許某個人經歷特定的情況下，可能有太多不得也不得已的選擇必須要去做決定，那我們用慈悲心去看待他，用慈悲心去做根基，去推想他的選擇，然後理解他做的選擇，我們就不要去抱怨，也不要去批評，因為不管你批評什麼，或者是你用慈悲觀去看這個人，這個憤怒的情緒不在你身上了，你也就放下了。

那執惡的人怎麼辦？就是做壞事的人怎麼辦？沒關係啊！他還是會接受他自己應該要承擔的因果，這就跟我們無關了，所以，我們就不會把別人做的事情攬在身上，然後讓自己痛苦不堪。

我們在看這麼多的人在這個社會上行走，在這個社會上可能用了一些手段、一些做法，也許你不認同，也許你看不過去，也許你真的很想上前教訓他一下，但我請大家緩一緩，想一想，這些惡的事情都是他自己決定要做的；他在做這些惡之前，一定有想過，哪怕他在做這些壞事之前沒想過，那也是他要承擔的，無論有想過、沒想過，或是刻意這麼去做，或是決定了這麼做，都是他自己要承擔的。

所以人性雖然難測，雖然我們很難控制別人，但我們現在要做的，要學習的，其實是控制自己，跟學習如何檢視自己，如果你一直都覺得我有很努力地檢討我自己，我一直以來都堅持我自己善良的原則，而且不改變，那很好。當別人在變的同時，你沒有變，你就是最好的，而善良的人什麼都不需要害怕。

愛是無敵的，一個人擁有愛，沒有人可以傷害得了你，你如同水一樣，就算刀子在水中一直不斷地亂砍，水也不會怎麼樣的。所以當你是一個有愛、有善的人，就算有人在傷害你，其實要告訴自己：就像水一樣，我是柔軟的，我是充滿愛的，我是善良的，他是傷害不了我的；他傷害我之後，更可以顯現出他的惡，以及他的可悲，他的可憐。

所以，不要難過，遠離這種人就好啦！你知道他是不適合你的，你知道他不足以可以跟你成為好朋友的，那麼，你就離開，就不要難過了，他無法再跟你當好朋友，那就是緣份，不能再當好朋友，也不需要傷害別人，就祝福他們。

就像坐車，有人上車，有人下車，有人到了不同的地方去觀光，去欣賞風景，每一個地方都是好的，他下車的每個地方都是好的。

所以，所有的善良、所有的愛，都是站在你這邊的，你就不容易變成一個惡的人。

那麼，愛既然是無敵的，所有的困難，就應該用愛去化解。

今天有人跟你之間發生的誤會，用愛去化解它，所謂的愛，是不要再去執著到底誰傷害了誰，事情發生了過後，那麼大家都放下了。

心中又找回來愛的感覺，感覺對了，就繼續在一起，感覺不對了，就各自尋找自己的幸福也很好。

別人在變的同時，你還可以想想，檢視自己有沒有變。

其實，轉變的念頭都是慈悲的，就像是情人節，有的人可能會很生氣說：都沒有訂到情人節大餐，都沒有訂到情人節餐廳，都沒有收到情人節的禮物，然後，可能會生氣。不要難過，天天都是情人節，你可以告訴自己說：天天都是情人節，每天都是可以很開心、很快樂的。有些人就是需要用這個想法、觀念去做改變。

其實，我們如果可以學習用慈悲心去看這個世界，你會發現這個世界處處都是美好的，我們曾經在《靈魂想回家》這本書裡面有談到怎麼樣可以回到菩薩的身邊，就是有一天我們即將往生了，走了的時候我們怎麼樣可以回到菩薩的身邊。

其實，那個法則很簡單，就是要時時善心，時時善念，時時感恩，時時存在著善良的心，時時存在著善良的念頭，時時感恩我們身邊的人，其實，這就是最後你能夠靈魂回到菩薩身邊最終的法則了。時時善心、時時善念、時時感恩。

我們現在會很多的憤恨，以及不好的情緒，很多時候都是因為我們不感恩，不感恩對方付出的，然後一直都是在檢視，一直都在看自己沒有的，以至於很難過，或者過度要求別人要為自己做些什麼，如果都是以善良的心去看待這件事情，用善心善念想著別人是好意的，他不是故意的，然後要感恩對方。

我想，人生在修行的這條道路上，就是最實在的人，而且學習怎麼樣可以讓生活過得很簡單，過得很好，真正堅持在修行上的事情，就不用太過於在意形式。

有人說：真正的修行不是都是要念經吃素要打坐嗎？其實真正修行是修那一

顆心，還有修正自己的行為，那才是真正的修行。

你光念經、打坐、吃素，都不能算是真正的修行，那只是塑形而已。我們真正要有的是一顆素心，要有幫助別人的心，檢視自己的心，而且讓自己時時維持著善良的心，感恩的心，那才是真正把所謂的修行落實在生活當中的。

你能不能把菩薩曾經教過的、教會的實踐在你的生活當中，那才是真正最重要的。

慈悲要有智慧作為基礎

我們常常都講說：我有慈悲心，但是，我就是沒智慧。

慈悲跟智慧是每一個人的功課。

菩薩說：面對很多事情也許有一些困難挫折，或者是有些困境及狀況出現，都要用大慈悲、大智慧去解決它。不管怎麼樣，我們都要當一個慈悲的人，你說很難耶！因為我很怕受傷，很怕被傷害，但無論如何，我們都要拿出我們的慈悲心，不要去傷害別人，你都堅持當一個善良的人，那麼請你放心，如果你一直都告訴自己：不管遇到什麼樣的困境，我都堅持要當一個善良的人。

你放心，菩薩一定會在後面有所安排，祂一定會讓你有貴人出現，一定會讓你有好運進來，雖然你現在如此地煎熬，如此受傷，但是請堅持下去，不管再怎麼樣，都不能夠變成一個壞人，不管怎麼樣，我們都要堅持著我們的善良。

那麼大慈悲永遠都會在我們的心裡面。遇到任何的困難，慈悲是最好的解決方式，善良、愛是最好的解藥，因為你不與人爭，就沒有任何事情可以起得了作用。

譬如說你是一個不貪心的人，詐騙集團在你身上就起不了作用；你是一個不跟人家計較的人，所以你都不會跟人家有任何的爭執，沒有任何事情可以在你身上起得了作用，也不會因任何事情會而憤怒。

你就是一個慈悲的人，那麼，接著就用你的慈悲跟智慧去處理，去面對，總會讓事情有好的結果出現。

我們在請菩薩幫忙的時候，或者是有時候會想要恭請菩薩的時候，一定要先想辦法幫助自己，不是把所有的事情都丟給菩薩，讓菩薩去做決定，是要學習著替自己，跟靠自己想辦法解決問題；自己要先幫助自己，菩薩才能夠幫助你。不要只想要來問老師說：老師你幫我選哪一個學校比較好？哪一個地方比較好？哪一個男性朋友比較好？你每次這樣問我的時候，我都好羨慕，你有這麼多男朋友可以選擇，那麼，為什麼不好好的跟這幾位男人相處，然後去想出你覺得哪一個人是你的終身依靠，不是很好嗎？所以，當你的問題很急，普薩沒有辦法幫你做決定的時候，你就要靠自己做決定了；要請求菩薩幫忙的同時，自己一定要想辦法先幫助你自己，在你自己真的很認真很努力地想解決問題的辦法，努力過後，你再來求菩薩幫助你，那麼，菩薩會根據每一個人對自己人生努力的程度，來幫助你的。這就是我之前一直強調的天助自助者也。老天爺會幫助那種自己會幫助自己的人，而不會去幫助那個每天都只在抱怨，每天都在難過，每天都在消極的那種人，一定是要積極地去面對。

隨時可以保持開朗的心，陽光般的笑容去面對你的人生，你會發現很多事情其實都迎刃而解了。所以，我們每一個人都應該要先靠自己，從自己的改變開始，改變你的態度，改變你的觀念，然後，多一點善良，多一點鼓勵，多一點稱讚。

從心學習

利他善心念

有些人他犯了法、犯了錯，因為害怕自己犯的錯未來會害到自己，一輩子傷心難過擔憂，那麼你當初為什麼要犯錯？

有些人是無心犯錯，值得被原諒。

有些人是有心犯錯，詐騙詐欺了別人，這種事情一輩子都會受到良心的譴責。

我覺得自己要為自己做的事情負責任，良心過意的去、過意不去都是自己的。

這良心的譴責，我想會一輩子深植在你的心裡，你一輩子都不會忘記，良心的譴責會一輩子在，這種一輩子的擔憂、害怕、擔心、焦慮才是最可怕的。

所以人千萬別做壞事，千萬不要讓自己良心不安，因為那才是人世間當中最大的折磨跟不安。

所有人做的所有事情，上天都正在看著，所有的人都必須為自己所做的事情付出代價。

有的人很努力的為這個社會付出，有一天他們會很有收穫的，他們身邊有著滿滿的福德、滿滿的愛。

如果你也可以加入行列，一起來持普門品回向給這個世界、回向給大家，這一份功德，所有的善心善念起於你的心，最後會終至於你的心，會回到你身邊來的。

你付出的所有愛，最後還是會回到你身邊來的。

希望大家日日都持誦普門品，然後把這份功德，也迴向給所有站在前線的醫護人員、還有一直不斷努力讓這個社會正常運行運作的大家，也祝福所有身體微恙的朋友們都身體健康，一切都平安。

人真的要勇敢去面對每天不同的課題。

我們都有責任好好的活著，讓我們身邊的人為我們感覺到驕傲，因為我們超勇敢的。

當你發現人生當中有很多的困境，是你覺得沒辦法度過難關的時候，請你深呼吸，然後告訴自己：「我的盾牌來了，我的刀劍來了，我的盔甲已經帶上了，往前衝吧！訂好目標之後，來一關是一關，就一直不斷盡力的往前衝，這樣就好了！」

每次做一件事情，都想辦法讓自己一直不斷的去學習，努力的去找出問題在哪裡，想辦法讓自己通透了、瞭解了。

人生就是：是一步走一步，走一步看一步，然後拿起你的盾牌拼命往前衝，衝到不能再衝為止，就是一直要不斷的努力，然後告訴自己要勇敢。

你是勇者，我也是勇者，大家一起當生命的勇者，一起往前衝。就算流眼淚，擦乾眼淚；就算跌倒了，再站起來。

人生沒有順遂的，都是一直不斷的在跌跌撞撞當中學習成長，然後一直不斷的在身邊看見了：真正愛你的人，他們真的都在，尤其是菩薩都在！

因為菩薩都在，所以你做的事情，不管是好的、是壞的，菩薩都看在眼裡，都在盯著你看，所以你怎麼敢做壞事呢？

多做善事，學習擁有善心善念，懂得為他人祈福，做事情之前先想一想對別人會不會造成傷害？如果會，一定要三思而後行；如果不會，那麼就多做一些對別人有益的事情，往前衝就對了！

心念平靜觀自心

一切心平靜，當你的心歸於平靜的時候，你的心就是澄淨的，一個人就可以觀見自己的心，就能夠修自己的心。

觀自己的身，觀察自己所做的事情、所做的行為，是不是符合了平靜、乾淨、清淨？

人的念頭在做選擇的時候，其實都是有執善的部分，會很執意的想要去選擇好的部分，這個好的部分可能是對自己好，可能是對大眾都好，可能是利益眾生的。

但我們在做選擇的時候，有的時候是想要選擇對自己比較好的，未必真的利益眾生。

所以人在做選擇的時候，需要有些調整，怎麼樣可以利他，變成也是一個重要的考量。

時時多觀照自己的心，就能夠看見自己的心，瞭解真實的心靈需求。什麼是需要？什麼是想要？你真的很想要的時候，它真的是隸屬於需要的部分嗎？

多反省自身，也看看別人所做的言行，如果是好的，我們就學習，如果是不好的，我們當然要加以反省。

世間上有很多的紛擾，當中的好跟不好、好與壞，其實都在一念之間。我們每一個人的念頭，每一分每一秒每一刻都是不停的在做轉變跟改變的，我們的念頭需要更多善的力量出現，讓更多的人有善心跟善念來啟動。生活當中，只要能夠感恩別人，其實我們都會有好的發展，都會遇到好的人的。

你有多勇敢，其實就會有多幸福的。一個很勇敢的人，絕對有資格可以得到幸福的，因為你不管有任何恐懼害怕，你都會勇敢前進。

所以你付出的愛，你付出的善良，你對別人的好，有一天都會回到你身邊來的。

這份堅定跟勇敢，會給大家很多強烈的信念，跟好的開始、好的結果、好的發展。

人生不苦，努力突破舒適圈

有人說：「活著好痛苦，活著好辛苦喔！」

我覺得活著沒有不辛苦，活著沒有不痛苦的，為什麼呢？因為我們是人，人本來就是要經過很多的訓練、很多的磨練。

很多生滅的過程，其實都只是一個過程，要你去經歷了而已，那是為了要讓你覺醒，要讓你覺悟。

擁有了、失去了，都是一種學習。

譬如你擁有了這個人、你失去了這個人，都是一種學習。得到了這份工作、後來失去了這份工作，都是一種學習。

你會去看見你在擁有跟失去的過程當中，你做了什麼？是不是不夠珍惜？是不是不夠感恩？是不是不夠去了解？

有，未必很好。沒有，也沒有不好。

接受了生滅的過程，就會接受了無常的安排，這需要學習，需要智慧，所以活著就是要勇敢！讓我們勇敢的面對課題，讓我們更加的努力。

最重要的是你要勇敢的學習改變自己。

有的人一輩子都很勇敢，但是要他改變自己，真的生不如死，他就是不願意改變自己，因為他覺得都是別人的錯、是別人的問題，不是自己的問題。

要改變自己，其實真的需要很大的勇氣，因為你要重新做一個你不曾做的選擇、你沒有做過的選項，結果是不一樣的。

改變自己的個性、改變自己的態度，是很大的勇敢，因為改變自己真的很不容易。

一個人要從刁鑽的個性變成溫和，要從花心變成不花心，要經過很多改變的過程！

改變自己的個性，而且是做一個徹底的改變，變得跟以前的個性態度不一樣，這件事情真的是一個很大的挑戰。

所以如果你發現你身邊有一個人，他改變了自己的個性，跟以前不一樣的時候，你千萬不要講：「天哪！你怎麼變成這樣？哇，是世界末日了嗎？天要下紅雨了嗎？」你要說：「哇！我真的覺得你變得很好，你真的很棒，你改變了你自己。」你一定要給那個樂於改變自己跟很勇敢改變自己的人掌聲鼓勵，因為要改變自己真的好難。

你願意改變自己嗎？例如改變自己永遠不再做某一件你很想做的事情嗎？

要改變自己，去做一件自己從來不會做的，或者是在個性上面做一個很大的改變狀態，真的需要很大的勇氣，所以對於樂於改變自己、會檢討自己、會改變自己的人，我們真的要給他很大的掌聲鼓勵。

當你決定要去戒掉一件事情，這件事情是你很喜歡、很執著、很長期一直都在做的事情，忽然間你不做了，而且下定決心，你會覺得自己很勇敢，因為你杜絕了這些誘惑跟這些可能。

每個人都有某些經歷需要去學習，當你很勇敢的去做某一件事情的決定時，當下你一定要稱讚你自己，因為你一定是下了一個很大的勇氣、做了一個很大的決定，才這樣做，所以你超勇敢的。

其實每個人都有自己很勇敢的地方，當每一個人在做一個決定的時候，是為了要改變自己，為了要讓自己更好，為了要規範自己的規矩，那就是勇敢了。

像有的人告訴自己要戒煙跟戒檳榔，成功的做到了，是不是很有勇氣？接下來就是設定另外一個目標一直做下去，例如設定自己以後大概每隔多久就要去爬山或運動，這也是一種設定的目標，這也是一種勇氣。

一定要突破自己的舒適圈，每一個人都要勇敢。

人是為了學習而來，為了體驗而來的，所以就算你現在當下很痛苦，你一定要告訴自己，這只是一個過程，有一天會過去的，有一天一定會越來越好的。

努力突破舒適圈，才有可能激發真正的潛力。

檢視自己，簡單生活

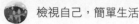

檢視自己的生活，簡單生活，去除掉多餘的，去除掉多餘的欲望，去除掉貪念，很重要！

菩薩要我們去檢視生活，檢視生活的原因是因為要去除多餘的貪念，還有多餘的慾望。

譬如，當大家都在搶口罩的當下，你會因為心不安而希望擁有多一點。但如果你擁有了多一點，在這個當下你可以想到反思的事是：「有人真的比我更需要，如果我有，我就給予別人他需要的。如果我給予這個口罩，可以幫助到別人，那麼我付出也沒有關係。」當然這是在於你擁有的情況下，你願意給別人，當然很好。

但我們現在要學的這門功課是：去除掉多餘的慾望，不需要的、多的，可能會為別人帶來困擾的，我們都盡量能夠減少，希望能夠安定我們的心。

因為有了想法，有了慾望，人就會開始擔憂，人就會想要去追求更多，追求更多到了一個境界之後，人的貪欲、人的貪念其實是無窮盡的，就會想要再有一點、再多一點，然後就會開始有投機取巧的心理狀態出現了：「我沒有被發現！我做這件事情沒有被發現、沒有被指責的情況下，那麼我就好像可以再多做一點什麼。」

人與人之間其實是沒有辦法天天二十四小時監督著你的，但是菩薩看得見我們內心裡面的慾望跟我們的想法，所以能夠督促自己的，真的是只有我們自己了。

那麼如何去除掉多餘的貪念欲望？其實可以讓我們的生活變得很簡單，或者是讓我們的人生變得更簡單。

到了某一個年紀，例如到四十、五十、六十歲以後，你身邊的朋友們不需要多，是需要能夠真心陪伴你的朋友，而這種朋友可能很少，但他了解你，然後

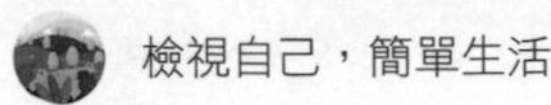

他可以接受你，他可以陪伴你，甚至於不用太多的話語，坐在一起看看電視、聊聊天、喝咖啡，都不會有過多的緊張、擔憂、害怕說錯話，或者擔心這個朋友會不會喜歡你，因為他已經很瞭解你了，就算不說話或多說話，也不會因為這樣而讓他喜歡你或不喜歡你，你跟他不需要太多過度的努力去刻意討好他、讓他喜歡你。

朋友之間相處不就是這樣嗎？你跟他在一起是可以很放鬆的做你自己，這些朋友也知道你的個性就是這樣，所以相處在一起大家沒有壓力，這就是最好的，這就是最好的生活方式了。

而對於一些有誤解、有誤會的朋友，甚至於可能以前很好的朋友，現在不往來了，可能當中有一些誤會誤解，有的人就會說：「他對我有誤解怎麼辦？我好想去解釋喔！」

對你有誤會，你再怎麼解釋，好運一點的是誤會釐清了，對方願意接受你的想法，你們又再次變成好朋友了。

但如果這個誤會是沒辦法解開的，或者這個誤解是由主觀因素造成的，經由太主觀的意識認定你這個人是怎麼樣的人了，其實做再多的解釋也都無用。

當然大家可能還年輕，人跟人之間的相處有誤解，你很想講、很想說、很想證明的，你可以用你自己的方式、依照你的個性去做處理。

但到了有點年紀之後，面對很多的事物、面對看過的人事、看過的人生、經歷過的，我自己會覺得：對我有誤會的朋友，我一點都不想花時間去解釋，如果對方要誤會，其實也無所謂。

因為生活是我自己在過的，我覺得我要維持什麼樣的生活品質，對我來講很重要。

畢竟一個人的生活生命不論長短，都必須要在意的是那個質量，我在意的是質量，然後我在意現在在我身邊的朋友的感覺，我喜歡現在在我身邊的朋友們，所以我很珍惜他們。

我不在意朋友多或少，我不在意誰喜歡我、誰不喜歡我，那些對我來講都不

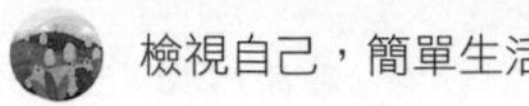

重要。

所以人生有時候到了某一個年紀、某一個狀態，就會慢慢想到：其實人生最需要的真的就是健康跟平安了，其他的都是多的，多的都是賺到的，我們就好好去珍惜，然後好好去感恩身邊一直以來對你很好的人。

有的時候，緣分在某一個時間點聚集在一起了，然後在下一個時間點又分離了，這都是正常的，這就是緣份緣起緣滅的問題。這就是時間拉長了之後，人所看見跟經歷的。

也許隨年紀的增長，時間拉長了之後，你才發現，過去年輕的時候花了太多的時間去愛，然後現在年長了之後發現，其實多花一點時間愛自己，才是最重要的，這才是對的！

但年輕的時候不知道，為什麼到老了之後才會知道？

都是因為我們經歷過了，瞭解過了，然後就讓你知道很多事情的重要性。

以前我們也很年輕，天天二十四小時都想要跟男朋友膩在一起，除了睡覺之外都不想分離，可是現在可能你有了家庭之後，發現天天膩在一起不能當飯吃，還是要工作，妻小還是要顧，還是要去上班，回來的時候，給一些擁抱，多給一些言語上面的安慰，或是多愛對方，多在意對方一點，其實就是一種生活當中的日常，但是它是一種幸福。

所以不要急著去證明什麼，也不要急著去證明你這個人怎麼樣，我們需要的是要去證明自己這一輩子過得很好。

記得，你的人生不是為了要證明給某些人看的，人生最重要的是證明給你自己看你過得很好，而這一生對你來講，到現在為止，你都可以覺得年少輕狂、認真的愛過，然後曾經傷過、曾經挺過來了、曾經堅強過了，你都可以為現在的你自己感覺到驕傲，這就是一種成長。你活到現在都覺得這很值得。

你的人生不是由別人來評斷你、評價你的，你的人生是讓你自己覺得我此生真的很幸福，我此生真的夠了，我此生真的覺得來投胎當人還蠻不錯的。

當然有些人會說：「我下輩子不要當人了，我下輩子不要投胎了。」那麼如果下輩子不要投胎了，這一生真的要好好學，這一生，真的要好好修，不然的話下輩子就會再重來，同樣的課題會一直不斷的在你的人生輪迴當中，重新一直不斷的重複著。

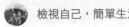

你可能一直不斷的在這一世輪迴的事情，請不要帶到下輩子再繼續輪迴，就從這一輩子告訴自己：「不能做，不可以做，不要做！去除多餘的欲望」，這樣子才不會讓下輩子或是你的後半輩子又繼續輪迴下去。

每個人對自己的功課都要有所堅持，因為此生幸不幸福，才是你向別人證明的最重要一件事情，才是你自己證明自己真的可以過的很好。

人都是經過了人情冷暖之後，最後才發現花了那麼多時間去照顧別人，花了那麼多時間去愛別人，花了那麼多的時間去讓別人感覺跟你之間很親密、很親近、建立像家人般一樣的人際關係，最後你發現，人學會愛自己，證明自己現在活著的時候是很充實、很幸福的，那才是對的。

所以我們要做的功課，就是檢視自己的生活。

從現在開始，你去想想，現在這個當下誰在你身邊、陪在你身邊，去檢視一下，現在在你身邊，還在你生活當中跟你有互動的人，哪些人真心對你好，哪些人真的也只是來利用你。

但是利用你也沒有關係，因為你本身還有利用的價值，還有被需要的價值，這是一件開心的事情、是一件好事，因為別人還有需要你的地方，這很棒。

檢視自己的生活，是否有一些多餘的、不需要的。

例如說你可能每個月都要花時間去跟一群不認識的朋友混在一起、和在一起、聚會在一起，然後笑得很開心，但是回到家是很落寞的。是不是可以減少那樣的機會？

檢視自己的生活，告訴自己，要開始畫框框了，有些東西不需要的就把它放在框框外。

放在框框外，不是讓其隨波逐流，是懂得祝福他，他會找到更好的人生。

放在框框外，是因為不在你的人生計畫當中了。

放在框框內的，請你好好珍惜。

也開始檢視自己家裡，選擇斷捨離，不要的東西、用不到的東西把它分享出去，懂得把它分享給需要的人。

生活當中斷捨離很重要，朋友之間斷捨離很重要，互相學習懂得祝福更重要，學習讓自己的生活簡單一點最好。

所以，我們要做的功課，就是檢視自己生活，讓自己的生活越簡單越好。

像現在疫情期也是，越簡單越好，放假了，不出門、在家裡吃飯，也許我們就減少了外出用餐時可能被傳染的機會，自己懂得保護自己其實也蠻好的。

所以，任何事情知足就是幸福，懂得感恩珍惜我們身邊所擁有的，幸福就會一直不斷的停留在我們身邊。

這是我希望跟大家分享的課題：簡單生活跟檢視自己的生活，看看有哪些地方是你覺得可以做一些改變的，讓你的生活跟之前的生活有一些不一樣的，不要覺得那是輸了，不要覺得那是落寞，也不要覺得那是寂寞，因為就算你的朋友不在你身邊，但那份關心你的愛，其實是一直都在的。

每個人與生俱來都會有很多的不安全感，例如說我們從母胎生出來之後，不在媽媽的懷裡、保護的環境裡，不在子宮安全的環境，出生下來可能都會有一些難免不安全感的地方，有的人特別嚴重，有的人很堅強，有的人很勇敢。

我們在不安的環境當中，學習讓自己能夠安定下來，學習不要想太多，煩惱不要太多，讓自己不要有過多的擔憂，是非常重要的。

我們與生俱來的不安全感，可能經過了你人生過程當中遇到的衝突、遇到的事情，以致於讓你對某件事情產生沒有安全感。

例如有些人的工作，他因為一直不斷的在換工作，所以他對於工作有很強烈的不安全感，他覺得老闆一定要多關注著他，他才會覺得開心。

他做了一件事情，就是要得到老闆、上司和同事的鼓勵掌聲，他才會覺得自己這件事情做得很好。

但其實我們如果要一直從別人身上獲得安全感，我們自己會變得很辛苦，因為我們就開始變成神經質：「他是不是喜歡我？他是不是在意我的表現？他是不是覺得我做得不錯？」如果我們都在意著別人給予我們的獎勵，那麼我們就真的會變得很沒有安全感。

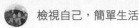

因為一點點的批評指教，可能就會讓我們痛苦、活不下去。所以希望大家可以透由安定自己的心靈，能夠讓自己放輕鬆過生活，這是非常重要的。

如果大家願意的話，可以去找《綠度母心咒》：嗡達咧嘟達咧嘟咧．梭哈。你可以一直不斷地持《綠度母心咒》，可以幫助你就像恢復在母親的子宮裡面、或是搖籃裡面那種安定的感覺，可以幫助你穩定心靈。

像我天生沒有安全感，以前我在懷孕的時候，因為想讓我的兒子比較有安全感，所以我就會聽《綠度母心咒》，讓我的孩子感覺到穩定。

綠度母是觀世音菩薩眼淚的化身，然後祂是一個少女的面像，祂是非常歡喜、能夠給予人內心平靜的一個象徵，所以如果你願意的話，可以持《綠度母心咒》，對你來講都是會有幫助的，而且可以增加你的智慧，去除你的煩惱，去除你的苦痛。

檢視自己的生活，去除掉多餘的，不要有過多的慾望，不要有過多的貪念，不要太在意別人的想法，盡量讓自己的人生、人際關係、生活簡單一點，然後不要讓你自己有機會帶著不開心的恨意生活下去。

因為有些人是很不開心的，對於某一件事情他很在意，因為一直都無法解決，他就變得很焦慮，一直執著在這件事情沒有被解決。

建議大家不要帶著恨、不要帶著憂愁過日子，因為當你很在意一個人的時候，那個人對你批評的一言一行你都聽在耳裡，然後把它記得很牢，其實就是傷害你自己，沒有辦法繼續前進。

為什麼要為了別人講了你什麼而在意？

不要去在意別人怎麼講你，最重要的應該是要去證明你自己真的很開心，而這個證明是要你向自己證明說你是真的過得很開心，這才是你要努力的。

別人的一點評價，其實我們都不需要太過於在意。因為別人的看法永遠都是別人的，開不開心在過日子、有沒有真的幸福在過日子，其實是你自己才知道的。

如果你覺得現在的你不夠幸福，不夠開心、不夠快樂，就想辦法讓自己開心快樂一點。

怎麼樣可以讓自己感覺到開心快樂？

你最了解你自己了，怎麼樣做最能夠讓你感覺到幸福，那麼就去做，這也是一個很棒的事情。

希望大家花點時間，想一想，沉澱一下心情，檢討一下自己的生活，檢視一下自己的生活怎麼樣做，可以讓自己的生活更好，可以讓自己未來更勇敢、更積極、更美好。

減少衝突，接受別人不同的意見

人生當中有很多事情，我們要面對的是衝突，譬如人際關係之間的衝突，別人跟你持不同意見、不同看法、不同的做法，我們該怎麼辦？

我們最要緊的就是如何學習接受別人主觀的意見，接受不同的意見，而且要勇敢的去面對你人生當中的課題。

你可能會遇到很多的衝突出現，別人跟你之間的想法不太一樣，沒有關係，他可以說出他的，你可以說出你的，這才是溝通。

溝通，不是為了要說服別人接受你的話、相信你的話。

溝通是可以有一個管道、有個機會，可以表達你自己對某件事情的看法跟意見。

所以我們要把握這個溝通的空間跟溝通的管道，是為了讓別人可以抒發他的

想法，講他主觀的意思。

我們也盡量不要說：「你不對！你這樣錯了！你說的是錯的！你覺得的是錯的！」

我們都不需要去指責別人認為的是錯的，因為主觀的想法跟每個人對事情的看法，本來就不一樣，他要這樣想、他要那樣做，都是很正常的。

所以學習化解衝突，願意接受別人不同的意見跟不同想法，這是非常重要的課題。

減少衝突，接受別人跟你主觀意見上的不同，不要去做抗爭，默默的聽，儘量不要跟別人產生衝突，他可以擁有他的意見，你也可以擁有你的意見，這樣都好，這都是一種學習。

過去我們可能習慣壓制別人對事情的看法，希望得到別人的認同，於是不允許跟我們不同觀點的看法出現，慣性地想要說服對方而造成衝突，現在我們要學習放下這個部分，學習尊重他人的看法，理解他人的想法。

未必我們會認同，但至少要學會尊重，這也是我們必須要學習的。

勇敢跟堅強

有很多人在生活當中遇到了很多的困難挫折，不單單是感情的，可能在於人際關係，可能在於工作，就是勇敢堅強地去面對。

尤其是像現在大家遇到了疫情的關係，然後工作上、生活上、收入上可能都多少有些停擺

其實每個人生活都受到影響，但怎麼樣可以在不被影響的情況下，你可以繼續生活，然後不要讓自己心慌，努力的去工作。

每個人多少都會遇到困難跟挫折，無論如何就是非常勇敢堅強地去面對。

我們常常在呼口號：「我們要勇敢！我們要堅強！」大家都說：「你以為很簡單喔，你說的好像很簡單，但是面對生活的是我！是我在過日子！」

沒錯，每一個人其實在生活當中遇到的困難跟困境都很多。

像最近有一位朋友他生病了，又遇到情感上的背叛，又遇到小孩生病，然後又遇到爸爸媽媽生病，他可能很多事情都聚集在這個當下發生了。

但他沒有嘆息的機會，他也沒有懊悔的機會，他也沒有怨恨誰的機會，他就是必須要在這個當下馬上去處理所有事情。

你會覺得：「天哪！老天爺也對他太殘忍了，怎麼一下子就在這個當下，必須要面對這麼多的課題？人怎麼受得了？」

是啊，人怎麼受得了考驗！

但就是要考驗我們，先冷靜下來，去思考問題、面對問題，有的時候，有些問題是沒有辦法一下子當下就解決跟馬上做決定的。

有時候，請容許自己多一點的時間去想，請容許自己慢一點再做決定，也請容許自己遇到這種衝突緊急的狀況下也可以先喘口氣再做決定。

因為在喘口氣之後，我們人會冷靜下來，之後也許做的決定是比較有智慧的，也比較不會傷害到別人、不會傷害到自己。

任何事情本來就是有捨才會有得。

所以怎麼樣勇敢？怎樣堅強？不是在這邊說口號就算了，因為面對生活的永遠都是自己，你們要勇敢，我也要勇敢，大家都必須要勇敢的活著，勇敢的面對課題，我們才能夠通過課題的考驗，才能夠迎接未來越來越美好的人生。

不然的話，我們一直都在抱怨批評，只會讓我們感覺到更不舒服而已：「不好的都出現在我身上，是不是上天要懲罰我？是不是我前世做了什麼事情，所以我這一世才這樣？」其實不是的！

上天讓你發生這件事情，一定認定你有能力解決現在這個問題，而且祂認定你在解決這個問題之後，你一定會得到一個非常豐富的禮物，這個禮物就是你的人生功課成果，它是足以讓你以後去跟別人分享的，所以現在讓你經歷了這些。

祂以後要你用這份禮物去幫助更多的人，所以現在給了你這份禮物，你要好好的從中學習，將來有一天你可以分享給別人，甚至可以救了別人一命，我覺得這都是一份難得的禮物。

不要再去怨嘆說：「為什麼是我？」就想說：「因為我是我，因為我有能力，所以我才遇到這個問題，選我就對了，雖然我現在當下可能很辛苦、很痛苦，但我相信我可以解決這個問題的，憑我的智慧，憑我的聰明，憑學習過的經驗，憑聽聽別人的建議，我覺得都是一種方法，然後也可以讓自己更好。」

認真勇敢的去面對我們的課題，不管你未來生活當中發生什麼事情，勇敢不是一個口號，是一個態度。

你只要願意勇敢的去面對問題，總會找到問題解決的辦法，冷靜下來，不要馬上做決定，不要急著做決定，因為有的事情也許都是需要花一點時間讓它走完那個流程，然後才會呈現出結果的。

所以，我們都耐心等待很多事情的結果。

不要去想當人生當中的審判長：「我覺得這件事情一定要有個結果！我覺得

這件事情一定會怎麼樣，我覺得他會有報應的，我覺得他接下來以後的人生會怎麼樣……」。

不要當別人人生當中的審判長，他未來會經歷什麼，他會遭遇到什麼，他未來會面對什麼樣的課題，都是他自己的，因為自己做的要自己來承受。

你曾經對別人的傷害，有一天就會回到你自己身上來。

你對別人過多的貪求慾望，或者是你對別人的欺騙，你用感情去詐騙了別人，你有一天都會自己受到這些果報的，做了什麼就會承受什麼，種了因一定會得到果的，你自己一定很清楚。

我們都不需要當審判長，因為這些結果總是會在未來呈現出來給自己的。

知足感恩，
常懷喜善

夠了就好

簡單生活，東西少少的最好，夠用最好。

所以，東西少少就好，東西都只有一個，東西夠用就好了。

有些人可能跟我一樣會有不安全感，什麼東西都想要買兩個，萬一一個壞掉了，另外一個還可以用。

以後就要開始想：我就只有這個了！萬一這個壞掉就算了！東西本來就是會壞掉的，

不一定要有兩個。如果萬一沒有了，沒關係，適應新的取代方式，適應新的東西，或是，適應新的環境，這都是一種選擇。

人生不一定要求安全感而存在著。

有的時候人必須要一直不斷地變動、變通到可以適應讓你沒有安全的環境，你一樣可以很有安全感的過下去，這也是一種學習。

雖然對我來講，我覺得也蠻難的，因為就會覺得沒有安全感。但我們從現在這一刻開始，我們要開始學習有的東西少少的就好、夠用就好，然後生活力求簡單就好。

不要帶著仇恨活下去，對於你不喜歡的事物、不喜歡的人，少接觸就好。像我們看臉書，有些人會寫抱怨文，你可能就會罵：為什麼他每天都在抱怨？

其實我都覺得：你不要看就好了，你不喜歡他，你就不要追蹤他就好了，你為什麼要罵他呢？罵他的當下，你又增加了一些負能量，又讓自己不開心。

但有的人很奇怪，不喜歡某人又要特別關注他，看了又讓自己生氣，整天的思維都圍繞在討厭的人身上，每天都要看看他做了什麼？感覺上不喜歡他，卻又要天天去看他，真的很矛盾。

建議大家，選擇自己優質的生活選擇權。

不喜歡的，你可以選擇不要去想，不要去感受，不要去經歷，不是也是保護自己的一種方法嗎？減少讓自己情緒起伏有太大的狀態，其實是蠻好的。

什麼事情少少的、夠用就好了，什麼事情都力求簡單，然後，活著一定就是要幸福、要開心、要快樂。

少少的就好，夠用就好，讓生活越簡單越好，不要為了安全感而增加了很多慾望。

不要去跟人家求，也不要因為沒有安全感而想要多一點，什麼事情都簡單就好。

不要為了要求得安全感，而讓自己陷入了某些困境當中。

該是你的，有一天他就會回到你身邊。

不該是你的，緣起緣滅，我們也必須要學會尊重。

感恩珍惜

期待每一個人在上車的時候，要能夠珍惜在車上相處的時間，當有一天這台車到了某一個終點站，有些人要下車，有些人要上車，我們都學習祝福下車的人，感恩上車的人。

有一天也許我們都要下車了，互相說聲再見，彼此珍重，有一天你又上了新的車了，也一樣要珍惜在車上每一個與你同行、對待你好的人。

人生當中不管你到了哪一個環境，遇到了什麼樣的人，都要學會感恩珍惜，因為他們都是為了要成就現在的你而出現的，所以每一個階段的朋友，我們都要感恩。

不管你們現在還有沒有在聯絡，不要再繼續有傷害了，只要能夠互相記得曾經彼此付出過的那個時光就夠了，未來彼此祝福，各自走各自的路，各自上了各自不同的車，互相祝福，因為你們即將到達不同的目的地。

真心的祝福對方，才能讓自己好過。

真心的放下，學會珍惜當下，才能夠讓你自己現在的生活得到幸福，而且證明你自己可以給自己很幸福的生活。

不是為了要證明給別人看，是為了要證明給你自己看，證明你自己真的可以過得很幸福，這是一個很重要的方法。

希望大家也可以花一點時間恭請菩薩，一起幫別人祈福、幫大家祝福，希望可以將祝福迴向給予身邊最需要的朋友們。

你可以花一點時間唸經文，都很棒！感恩珍惜與你有緣的人，有緣時珍惜，緣盡了也要互相祝福，緣起緣滅，最能看出一個人修養的品格。

心安平安

我們應該要學習菩薩說的：「不要太在意某些事情一定要按照規則或是按照一些方法。」

以前在座談會菩薩曾說，我們要學習「都好都好！都沒關係，都好！」

上天一定有其因緣安排，一定有其因緣巧合，才會讓我們經歷了這些，才會讓我們走這一遭。

人生當中有時候，有些事情感覺上好像到了絕境、沒有回頭路了、感覺上好像遇到盡頭了，但其實轉頭一看，你會發現：都好都好！這一切的經歷其實都好都好！

希望大家都能夠平平安安的！你會發現，擁有再多的錢，擁有再好的物質生活，其實都不比健康、平安、還有內心的平靜來得重要。

想想看，如果你擁有很多的錢財，可是你的內心是不能夠平靜、不能夠安心，都是焦慮的、擔憂的，你也會覺得人生是很痛苦的。

每天都生活在焦慮、擔心的情況下，不能夠安心的過日子，其實就是痛苦的來源。

所以菩薩曾經也告訴過我們，去除煩惱，是非常重要的。因為煩惱會產生很多的不安心，煩惱也會帶來更多的慾望，慾望也會帶來更多的煩憂，你很希望有這個、很希望有那個，結果越來越焦慮，越來越期待可以得到什麼，反而為自己帶來了更多的無明、煩惱、痛苦……等等的。

所以，學習如何讓自己的身心靈都健康，是非常重要的。

減少慾望，也許內心就只祈求平安、平靜、平順，不用去追求過多的物質、外在條件、環境，只尋求自己心靈當中的平靜，這是一種學習，然後你漸漸地就可以在這些平靜當中找到你自己。

—

隨緣，一切都好

任何事情都不要太過於「拼命」，很多時候隨緣就好。

人生有很多事情其實是隨緣的、隨遇而安的，當你遇到什麼就面對什麼。該面對的，就很勇敢、很積極地去處理，一切的好運都會轉向你的。

所有的不好，所有遇到的困境，只要你願意轉個念頭，願意給自己改變的機會，願意學習新的方向、新的知識領域、新的觀念、新的想法，或者是保有一個新的態度，都可以為你的人生帶來很大的不同。

其實身體健康是非常重要的，當人覺得心情很不好、很難過的時候，更需要有一些正向的想法、及正向積極面對生活的態度。

你會發現，有很多事情再重要，都沒有比自己過得開心更重要。

所以無論如何，學習著讓自己快樂的過日子、開心的過生活，然後正向積極的去思考自己面對的事情，其實就是一種活著的力量。

沒有一個人是可以活著很順利、是可以沒挫折的，每一個人都會遇到很多的困境，這都是在考驗你自己。

有人會說：「為什麼上天安排我經歷了這些？」是因為你可以，所以才安排你經歷了這些。因為相信你可以，所以上天必須安排你經歷了這些，在你的身上、在你的生活當中讓你遇到了這些之後，你願意學習改變，你就有新的出路、新的方向、新的方法，甚至於是一個完整新的人生，你會發現你得到很多，因為你擁有的是超乎你想像的快樂跟自在。

此外，當你身邊的人都愛你的時候，會讓你更有動力，勇敢的、積極的去面對你未來要過的生活跟未來要面對的困境。

不管怎麼樣，學習念轉很重要，我們常常講「念轉運就轉」，你的命運不是掌握在任何人身上，也不掌握在任何人的嘴巴上，也沒有任何人可以用威嚴、用權力影響你的人生。

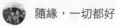

永遠只有你自己可以去改變你的人生，因為你的人生是你自己的。

要過得快樂是一天，要過得難過也是一天。

你要如何想，讓自己每天都很開心、很快樂的過下去？這就是你自己要想辦法念轉的部分了。

人的想法有的時候是悲觀的，就像我們可能會想：「我只剩一個口罩」，但你至少還有一個口罩，有的人是沒有口罩的。

所以，當你有半顆饅頭，要想著的是「我還有這半顆饅頭」，而不是去想「我只剩下這半顆饅頭了」。

所有的事情都去看看我們所擁有的那一面，不要去看我們失去的那一面，你的人生會擁有很多很豐富、很美好的經驗跟過程。

記得，念轉運就轉，你的人生是自己的，你的想法是自己的，要如何引導你自己正向地去思考，那是你的選擇。

每一個人的個性，在遇到每一件事情的時候，會有不同的選擇、不同的選項、不同的面對方式。

就像對於疫情的發展，有很多人選擇了不同的面對態度跟對應方法，那是別人的，你要拿出自己的，你要有自己的想法，你要有自己樂觀積極的那個面向，你要有你自己念轉的方式，就能夠帶來更好的運氣，就可以帶來更好的人生。

因為你的人生，不是在別人手裡，也不是在別人的口語裡，是在你自己的努力當下而改變的那一瞬間所產生的。

你有決心，就一定可以改變，哪怕你已經活到了四十、五十、六十、七十、八十歲，你都有權利要過一個不同的人生。

改變雖然很辛苦、很痛苦，堅持需要一種信念，但如果你想、也落實了，那就會是一個截然不同的人生。

改變，需要一個動力，一個想要的動力，一個想要不同人生的動力，還有一個想要愛的動力。

如果你的生命當中可以充滿著愛，它會讓你有很多的動力可以堅持下去。

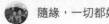

希望大家每天都開開心心的，就會有好事發生，就會有很多快樂的事情圍繞在你身邊。

當你每天都開開心心的，你所產生的能量場都是開心快樂的，你身邊的人因為你的開心快樂，他們也很開心快樂，你身邊所創造出來的能量場絕對都會是開心快樂的。

所以，希望大家每天都是很開心、很快樂的。

知足感恩，常懷喜善

這個時期，讓我們學習的課題很多，最重要的就是「知足感恩，常懷喜善」。

因為疫情的關係，很多人在工作上受到了影響，事業上受到了某些衝擊，開始感到心慌、心憂，這樣的變動在所難免的讓人心慌了起來。

但是一定要學習著鼓勵自己，這只是一個時期，暫時性的，一切都會過去的！

只要我們保持好的能量，保持健康的身體、健康的思想，這一切都會過去的！

而現在大家的生活難免受到了影響，現在最需要學習的人生態度就是：夠了！都好！

你所擁有的，不管是物資也好，資源也好，學習著夠了就好，學習有什麼都好，不與人計較。

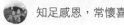

而且要學習感恩，感恩所有醫療人員為我們的付出，感恩國家所給予我們的保護，讓我們在疫情衝擊的情況下，能夠受到最好的照護以及擁有最好的資源。

生活當中，難免受到了一些影響，趁著這個時期，也許你可以學習斷捨離，將家中的物品做一個清理，將人際關係做一個整合。

將你的人生態度做一個改變，改變對事物的看法，改變對人生的態度，這都是一個非常好的學習經驗以及最好的學習過程！

大家在這個時期都非常辛苦，心中常懷感恩，心中常懷希望，讓歡喜進駐到你的生活當中來，時時刻刻想著：擁有了這些夠了！擁有了這些都是好的！所以生活都好都好！

菩薩希望大家參與法會之後，能夠細心的、仔細的想著可以做的改變，你參加完法會之後才是真正的開始，才是真正改變你生活態度、人生目標的開始。

希望大家在人生的旅途當中，依然盡心盡力學習，成就更好的人生，讓我們圓滿此生人生的課題。

祈願大家能以善心聚福，多行佈施，多行善心，多關懷他人，多行利他之事。

祝福大家身體健康，心安平安一切有福。

就努力愛了

努力成為值得被愛的人

我們要如何成為值得被愛的人？

我們很希望可以找到一個我們很愛的人，然後那個人也很愛我們。可是有時候要先找到那個可以愛的人之前，我們可能要先成為那個值得被愛的人，這一點我覺得是非常重要的。

因為很多朋友他們會問我，想要知道什麼時候可以遇到真命天子？什麼時候可以遇到真命天女？然後都會開了很多的條件，設想了很多想要的篩選對象的條件。

我記得印象很深刻的是，有位女生她在篩選男朋友的時候，她就設定了很多的條件，她就說：「我想要這個男朋友大概是三十二、三十三歲，事業有成，有房子、有車子，然後不要跟爸爸媽媽同住。」她的條件可能就設定這樣。

當時我覺得是有點困難的，為什麼這麼說呢？

有時候我們在想說要遇到什麼樣類型的人，然後自己設立了條件之後，可能我們要反觀自己就是：那樣符合條件的人，他會不會愛上我們？我們有沒有哪個地方值得讓擁有這個條件的人愛上我們？

也就是說，當我準備想要去找到一個這樣條件的人的時候，我自己能不能夠好，好到讓對方覺得我是適合他的？

譬如說，我的可愛、我的善良、我的正直、我的勤勞、或是我愛人照顧人的能力、跟可愛的部分，他能不能看見？他會不會喜歡？或者他能不能懂得欣賞我這般任性傲慢是可愛的？

所以有些人的條件在設定上，可能只是自己的想像，而不能夠成為真正對你有幫助或是真正可以成為實際的標準。

我曾經聽過有個朋友說：「很多女生都想要找高富帥，可是都不想想看，自己能不能符合高富帥那個男人要求的條件？」雖然這是一種比較嚴苛的說法，但是我們畢竟也要了解到，這的確是我們要去思考的一個問題。

我們想要成為那個值得被愛的人，可能都要先想一想，怎麼樣可以成為一個值得被愛的人？

譬如說，像我自己覺得我的朋友很愛我，我的家人很愛我，我的同事也很愛我，那是為什麼？可能待人很和善，可能很隨和，可能隨時都會懂得關心別人，在我的生活領域來講，我是一個值得可以被愛的人，而且大家也會愛我的那個人。

如果是這樣的話，我們就要去思考，為什麼人家會喜歡這樣的人？原因在哪裡呢？

我們可能都要去思考的是：其實每一個人都喜歡怎樣的人？我們都愛什麼樣的人？你可以去想想！

譬如，我們其實都很愛善良的人、很積極的人、或者是我們都愛好人、……。

講一個比較簡單、大家比較能夠分辨清楚跟釐清的就是：相信大部分的人都喜歡跟快樂的人在一起。如果你跟這個人在一起，他總是能夠製造歡樂的氣氛，然後跟你一起相處時，他懂得時時關心你，懂得站在你的角度去想事情，這樣的人他就可以跟你貼近，他就可以跟你聊心事，漸漸的你跟他在一起的時候，就會有安全感。

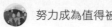

不管是情人、朋友之間相處，你喜歡跟什麼樣的人在一起？他具有同理心，他有關懷人的力量和能力，而且跟他在一起是快樂的、開心的，你可能會喜歡跟這樣的人在一起。

所以在我們想要成為值得被愛的人之前，先想一想你喜歡什麼樣的人？

你喜歡什麼樣的人，跟後來你要去找的那個對象，有很重要的關連。

因為有些人天生很喜歡照顧別人，有些人天生需要被照顧，所以，在想要成為值得被愛的人之前，你可能先要了解一下自己，愛跟什麼樣類型的人在一起？想跟什麼樣類型的人相處？你喜歡什麼樣類型的人？

這個是你自己的功課，因為適合我的人未必適合你。

我們要成為一個值得被愛的人，最重要的就要去思考：我們喜歡跟什麼樣的人在一起？這個「什麼樣的人」他可能就是你未來可以相處在一起、未來一起走下去的另外一半。

譬如說，你每次在傷心難過的時候，你的另外一半總是可以給你正向的力量，總是有不同的解釋，總是會讓你噗嗤一笑，本來是很難過的心情，忽然間頓時烏雲都散開來了，他擁有這樣的特質可以逗你開心，他很適合你，你也知道你需要擁有這樣力量的人在你身邊。

所以你知道什麼樣類型的人最適合你，而你跟自己相處在一起最久，其實最了解自己的人一定是你。想要找什麼樣類型的人，一定是你自己最清楚。

我們在了解自己愛什麼樣的人之後，當然還要去了解一件事情，就是我們都害怕跟什麼樣的人相處？這一點一定要非常的清楚。

不是你勢利，不是你愛計較，而是你必須把害怕的類型搞清楚，把害怕的類型的人釐清。

這時候不要有那種大愛：「其實我都可以啊！只要是男人（或是只要是女人）我都可以接受。」這太籠統了！這會傷害到你自己的！因為你一味的一直強迫你自己要當一個很好的人，一直不斷的配合對方，然後沒有辦法去尋找你真正愛的那個人，到時候你在感情當中或是在婚姻當中，會非常辛苦的。

所以，一定要想辦法去了解到你害怕什麼樣的人？

像有些人他會很害怕斤斤計較的人、或者是什麼事情都算得很清楚的人，跟這種人相處在一起，就錙銖必較，很多事情要算清楚、講清楚、說明白，而且一件事情不可以含糊地帶過，要給予清楚的解釋，不然對方會打破砂鍋問到底。

你可能也害怕疑心病很強的人，動不動就拿你的手機，檢查你剛剛跟誰聊過天、說過話，甚至於可能打開你的皮包，看看你今天帶多少錢出來、發票顯示買了哪些東西，甚至於開始不斷的詢問對方跟哪些人說過話、今天去了哪裡、做了什麼，什麼事情都要一五一十、鉅細靡遺的跟對方交代，這相處起來也是蠻緊張、壓力很大的。

當然有些人會說：「我覺得很好啊！因為對方什麼都跟我說，我跟對方沒有秘密，我什麼東西都攤開給對方看，我們都很喜歡、很適合、也很適應啊！而且我皮包就直接拿過去給他看，手機也是都可以直接打開的。」我有看過情侶之間愛到這樣一個非常濃烈的程度。

當然這是你的選擇，也很好！你想要這樣，當然也可以！當然也很好！

但我想有些人跟我一樣，我才不要！

當然每個人的選擇不一樣，所以我才會說，大家要了解，要成為值得被愛的人之前，要先去知道自己喜歡什麼樣類型的人？以及害怕跟什麼樣類型的人相處？

例如還有一種另外一半，他討厭你身邊所有的朋友，不管是過去認識的、現在認識的，他都不喜歡，然後通通都覺得你跟對方有曖昧，他開始限制你的交友圈，你不能有自己的朋友，做什麼事情都必須跟他一起，也無法有自己的交友圈。

像這樣子的情人，你可能也會害怕擔心，因為他無時無刻都在幻想、猜忌、猜疑你會不會做了什麼對不起他的事？這樣的相處太讓人擔心，相處在一起永遠都在解釋今天你去了哪裡、跟別人說了什麼，也是蠻累、蠻辛苦的。

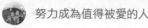

但是這世界上沒有這樣的人嗎？沒有這樣的夫妻嗎？沒有這樣的情侶嗎？我相信還是有的，因為有些人就喜歡這樣被佔有、被擁有、被在意、被猜疑、被猜忌、被懷疑著，他們會覺得蠻有成就感的。

所以，每一個人喜歡的類型跟不喜歡的類型，其實都不一樣！

要成為值得被愛的人之前，真的要清楚這兩件事情：我喜歡什麼樣的人？我不喜歡什麼樣類型的人？

這個真的就只有自己最清楚了，而且不要騙自己，因為騙自己，自己會非常的難過跟痛苦。

那麼，在知道了自己喜歡的類型、跟不喜歡相處的人，你都清楚了之後，就要想一想，如果你討厭那種類型的人，你是不是就要去思考，不要成為那樣的人？

你討厭那樣的人，如果你又成為那樣的人，你不是開始討厭自己嗎？不是每次都會覺得自己很糟糕嗎？

談起戀愛來，每次跟對方相處的時候，不喜歡那樣的人，自己卻成為那樣的人。譬如你不喜歡嘮叨，結果你跟對方相處的時候，一直唸對方，真的很愛碎念，那個時候你就會懊悔，然後會怨恨自己，為什麼都要成為自己最討厭的那樣子的人？

所以，如果你不喜歡自己那樣，就千萬別成為那樣的人。

你想要成為值得被愛的人，很多時候，你要先學會愛你自己！

你要夠可愛，你要夠值得被愛，你要先懂得愛你自己，你看你自己要覺得：「我很可愛！我很值得被愛！所以別人愛我是很天經地義、很正常的。」

這個時候就要擁有自信了，你喜歡自己，別人才會喜歡你。

我們通常都知道這個道理，你要成為一個大家都愛你的人，你一定要先懂得愛自己。有的人說：「我知道談戀愛一定要先懂得愛自己。」可是他卻從來不知

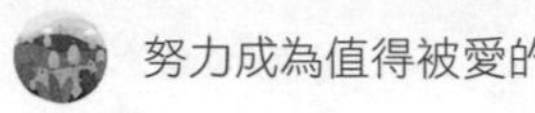

道怎麼樣可以愛上自己。

所以，你知道喜歡跟不喜歡什麼類型的人，接下來的這個問題就是要問你自己：你喜歡你自己嗎？如果你想要成為那個值得被愛的人，你喜歡你自己嗎？

我覺得：在生活當中你夠好，你身邊的人就會喜歡你；你工作很認真，你的同事會很愛你；你對家人很好，關心付出，你的家人會很愛你，是很正常的。

有人愛你，是因為你值得！

我記得有人在討論說：「好像很多人都喜歡老師，很羨慕！」他們會針對我生活當中的大小事討論，有一些人會投以羨慕的語氣。

有些人會很羨慕我有很愛我的家人，譬如說生日快到了，哥哥就會送我新手機，因為我的家人很愛我。

有的人會說：「老師拿了某一個牌子的包包。」因為我的另外一半很愛我。

有的人會說：「老師都可以去吃好吃的東西、遊山玩水，然後老師爬山的時候，都可以有朋友陪。」因為我的朋友都很愛我。

因為我覺得我是一個好人，而且我對朋友是真心真意付出的，我對家人是百分之百用愛、用生命在愛他們的，所以他們對我好，我覺得是很正常的，我覺得我是值得被愛的。

你覺得你的同事很保護你、很愛你、會幫你忙，那是因為在工作的過程當中，你也幫了他不少，互相幫忙，我覺得你就會得到這樣的支持跟愛。

那麼在愛情當中，如果你一直都在謾罵著對方，抱怨著對方，然後一直都不斷的在指責對方可以做得更好，譬如說：你老是覺得你的另外一半東西都不放好，而且你覺得他都很不會替你著想……。你跟他的對話，永遠都在抱怨對方、指責對方，還有技術指導跟生活上的指導，就像生活當中的糾察隊一樣，對對方的生活永遠都只有指責、抱怨跟指導，永遠沒有讚美，他跟你相處久了之後，他就會覺得累了。

因為你永遠都不會稱讚他，不會覺得他是一個很棒的人。久了之後，他也會覺得跟你相處在一起是累的！

所以，如果你覺得自己是值得被愛的，一定要先學習愛你自己，然後一定要問你自己：你喜歡現在的自己嗎？

如果你不喜歡現在的自己，那麼想辦法讓你自己愛上你自己，跟喜歡上你自己。

努力成為值得被愛的人，你就能沈浸在愛中。

決定愛與不愛都需要勇氣

感情受傷的人，千萬不要傷心。

失戀的人，害怕再談戀愛的人，內心一定有一份恐懼在，他可能是過去在情感上受傷了之後，很擔心再遇到另外一半的時候，那個人還是會傷害他！

有時候，緣份是這樣子的，你失去了這個人，才能夠有機會遇到真正適合你的那個人，總會遇到自己認為更好的。

就怕有一種人是：他愛上了對方，然後明明知道對方不好，明明知道對方不適合他，但是卻沒有辦法離開對方。

很多人在婚姻關係當中，可能隱忍了二三十年，然後有一天，一方覺醒了，突然間想要離婚了，另外一半就說：「你怎麼可以這樣！我又沒做錯什麼，可是你為什麼這時候忽然間跟我講要離婚？」

這可能是日積月累下來的情緒暴力，或是生活當中隱約的、潛在的隱形暴力，讓對方不能夠再忍受這樣的精神傷害了，所以他決定不要了，可能到年紀大了才決定要離婚。

有的人說：「七八十歲了，你的人生都已經快要進棺材了，你怎麼這時候想到要離婚？」他可能忽然間想到要愛他自己，不管人生剩多少時間。

為什麼有些人是忍到後來，他不想再忍了？

也許他覺得累了，不想要再過這樣的生活了，決定要勇敢地跳脫現在的關係，他想正視或是想要去了解：「到底什麼樣的生活，是真正我想要的？」他花了二、三十年，才知道自己想要什麼。

如果你現在是還沒進入婚姻，或者是剛進入婚姻不久的，請你一定要好好的想一想：「我怎麼樣可以讓我自己在這個婚姻當中，可以過得開心一點？」

有些人很害怕說：「我現在萬一跟對方分手，或是對方萬一跟我分手了，我再也找不到下一個了，怎麼辦？」所以他就一直緊抓著對方不放，很害怕失去對方。

這樣子反而沒有辦法讓自己冷靜下來，看清楚到底自己適合的是什麼。

也許有些人是真的談了戀愛或是進入婚姻之後，他才發現他蠻適合一個人的。

放手，或是讓彼此有個喘息的空間，會成就更多的幸福。

就算是相處在一起二、三十年的夫妻，其實還是需要有各自的空間跟各自生活的方式，彼此要給予尊重。而不是一味的想要讓對方臣服於自己，或是跟著自己一起過同樣的生活，吃著同樣的東西，看著同一部電影。

一定要有足夠的包容性，可以讓對方過他自己想要的。

我看見有很多夫妻或者是情侶之間相處，年紀大了，時間久了，大家就會各自有各自的房間，給自己獨立的空間，我覺得是很棒的！不要去阻止對方做自己喜歡的事情。

譬如有很多上班族，每天下班回到家，女生就是想追劇，她想要放鬆，而男生想看體育台、新聞台。

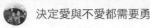

大家就各自追自己的劇。你看你的，我看我的，大家都開心，不是很好嗎？為什麼要阻止對方去做開心的事情？

我們都不應該阻止對方去做開心的事情，我們應該都要給彼此有空間，可以去交自己的朋友、做自己的事，然後學習獨處。

不管你有沒有愛情，不管你有沒有家人，不管你有沒有婚姻，都是需要這樣子的。

那麼一直不斷在尋尋覓覓另外一半的人，不要灰心，因為適合你的人總會出現。

你現在看到了這個人不適合，那是因為你知道了他不適合你，你非常清楚，那麼非常好！因為你懂得瞭解自己，你知道自己適合什麼樣的人了！

在你不斷的篩選過後、相處過後，知道他真的不適合你，雖然你很愛對方，對方也很愛你，可能在激情過後，仔細冷靜理性的想一想，其實對方根本就沒有辦法跟你在一起，或是不適合跟你在一起，這就是一個時機了。

有時候，相處需要時間，有時候了解也需要一些相處的過程，能夠讓你去了解對方，才會知道對方到底可不可以跟適不適合，這都是一個過程，都是必經的過程！

人跟人之間的相處，因為有相處，所以有了解；因為有了解，所以會有距離。有的人會覺得，因為瞭解了，更適合在一起了，所以就更緊密的把彼此的手牽繫在一起了。

而有些人因為真的相處在一起，瞭解了，而分開了，也是因為瞭解對方真的不適合你，也就放手了！

放手的時候，記得一定要懂得祝福對方，千萬不要小氣或者是不祝福對方。現在這個年代比較少看到沒有風度的人了。在以前年輕時候的那個年代，常常聽到有的人分手之後，會把送的東西要回來，連以前一起去餐廳吃東西花的錢都要改成各付各的、要對方分攤，請吃飯的錢也要還給他。

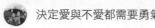

有的時候，激情都是短暫的，唯有長期的相處之後，你才能夠知道對方適不適合你，所以相處是很重要的！

珍惜現在你所擁有的，才能夠長久。

我們都不知道明天會不會繼續相愛下去，所以不要問對方明天還愛不愛你，因為如果今天不愛了，怎麼會有明天呢？所以今天無論如何都要好好的把握對方，好好的愛對方。有了今天，明天才能夠繼續相處；如果今天都談不下去了，怎麼會有美好的明天呢？所以這是非常重要的，要懂得珍惜現在所擁有的，才能夠長久。

適合自己的，一定會學習互相接受、互相尊重，然後為彼此帶來快樂，這是非常重要的。

你跟你的另外一半在一起，你跟你的夥伴在一起，你跟你的同事在一起，你跟你的家人在一起，為什麼會快樂？一定是他們滿足了你某些感受，一定是他們尊重了你，一定是他們協助了你、幫助了你，甚至於他們寵愛著你，你可以在他們身上感覺到他們是真的很愛你，這就是一種快樂，快樂就會因為這樣而延續下去。

有很多人他對你的關心是一直都存在在心中的，你知道那份愛是一直存在的，你懂得珍惜，才能夠讓這個愛長長久久。

我們都有愛人的力量，我們也有被愛的渴望。怎麼樣可以讓我們愛人的力量可以得到滿足？

我很想愛一個人，我的愛要被肯定價值，我的付出才會一直存在著。

所以當別人對你好的時候，你要懂得感恩感謝，別人的付出才會一直不斷的持續進行著。

談戀愛就是這樣，感情就是這樣，如果你對於對方的付出無動於衷，對方就再也沒有動力繼續願意對你好了。

所以當你不喜歡對方，你不給他任何回應的時候，他大概就知道了。

如果你很愛對方，對方給你回應的時候，對方給你感動的時候，你一定要讓對方知道你有多感動，你有多在乎對方。這是彼此在表達情感上非常重要的！

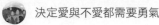

不管是在感情當中一直不斷的尋尋覓覓另外一半的人，或者是曾經在情感當中受傷的人，你都可以很勇敢的繼續愛下去，繼續尋找可以跟你相知相惜的另外一半。

愛與不愛都需要勇氣，不管人生的課題是什麼，面對人生課題，最需要的就是勇氣，我們要有勇氣去學會經歷大大小小的事情。

因為很勇敢，所以可以讓幸福漸漸的靠近。

因為很勇敢，所以你知道幸福有多麼得之不易。

因為我曾經離婚過，所以我知道擁有幸福、找到一個愛自己的人，多麼需要好好的珍惜！

因為你的勇敢，所以讓你有了幸福的可能。你有多勇敢，就有多幸福！

所以想要幸福的人，真的一定要勇敢。

幸福是自己的，無人能代替

有人問我說，離婚當時猶豫多久？

我沒有猶豫太久，當對方確切的被我抓到證據的時候，其實我就不要了！

還不知道對方真的外遇的時候，還在猜的過程當中，真的很想挽回，因為不知道是自己做的不夠好還是怎麼了，就會很想要挽回那個婚姻。

但是當我知道對方外遇時，我就不想要了，因為我覺得很恐怖。

那時候我做決定不要了之後，反而可以更清楚知道自己想要的人生是什麼。

很多時候，過程要勇敢。因為我覺得我一定可以幸福的，是對方不懂得珍惜，我覺得一定會有一個人懂我，一定會有一個人愛我，他會出現的。

所以，每一個人絕對都擁有幸福的權利，不會因為你失去了現在這段感情，未來就不幸福了！

就算沒有對象可以談戀愛，你都還是幸福的。

所以不要把幸福界定在一定是要談戀愛或者是一定要結婚，才能覺得是幸福的。

有的時候，沒有婚姻或者是沒有談戀愛，你也可以是幸福的，你可以想辦法讓自己覺得幸福！

希望大家在擁有勇氣之後，要運用勇氣，去面對你的生活，面對你的工作，面對你的愛情。

受傷跌跤其實不是失敗，它是追求幸福的必經過程，因為有了痛，你痛過了之後，你才會有感受，你才會知道：「我下次不要有這種傷痛的感覺！」有了傷才會有回憶，你看見了這個傷，你會知道你曾經受過這個傷害，這一切所有的經歷，我們都要感恩。

回顧生命的過程，其實很多時候都是必須經歷的。

如果你不願意面對，只會讓更多的傷口一直留在原來的地方不被重視、不被了解，在心裡面埋下一個深深的傷疤，一見就心痛，一看見的時候就會覺得難過，一想起的時候你就開始覺得痛苦。這樣子痛苦，還不如去正視它，並要學習放下。

然後，知道那個當下是痛的，一定要非常深刻的去記憶它。

我知道被傷的人是很痛的，我也會更懂得珍惜現在所擁有的。

面對過去的傷痛，不要剝奪了愛人的權利跟愛人的能力。

我們都是可以有機會遇到最好的人或是最適合你的人，當你願意去面對的時候，生命就會產生一個新的開始。

幸福是絕對可以擁有的，就看你自己怎麼樣勇敢，讓你自己努力不斷的學習，讓自己再站起來。你有多勇敢，就有多幸福。

以前我都不知道自己該做什麼，或是為自己爭取些什麼，或是自己做讓自己開心的事情。離完婚之後，我知道怎麼樣讓自己真正過的開心。

真正覺得應該要對自己好一點，所以離完婚之後，我不斷的去旅行、去想去的國家，這幾年我去了很多地方，開心得過著自己的生活，我很慶幸我有家人可以支持著我。真的很希望大家越來越好，健康起來，努力生活，努力工作，越勇敢越幸福。

每個人都要成為一個很勇敢的人，因為你有多勇敢，你就有多幸福。

不管在感情當中跌跌撞撞，不管曾經受過傷，或者是害怕面對愛情，不管如何，你都可以成為勇敢的人，你都可以成為非常幸福的人。

不管有沒有愛情，你都絕對可以是一個擁有幸福的人。

努力勇敢，都要幸福。

幸福是因為你很勇敢、很有勇氣，才會得到的，才會感覺到被愛著的。

希望每一天大家都是開開心心的，尤其是在這麼艱難的時刻，每一個人都要想辦法讓自己過得很好，每一個人都要想辦法讓自己成為最幸福的那個人。

知足，感恩，時時關心他人，就可以成為幸福的人了。

一起勇敢，一起幸福下去。

生活當中的勇者

有的人很有自信：「我不管對方會不會變，我自己是不會變。如果對方變了，是他沒有福氣，因為我覺得我很好，因為我這麼好，所以我值得擁有更好的。如果對方不夠好，他就不會留在我身邊。」

這種自信不是很棒嗎？因為你夠好，所以對方會留在你身邊。而不是要時時查勤把對方留在你身邊，這樣活著太辛苦了，連愛情都要緊緊的抓住不放，才能預防對方跑掉，擔憂過日子是無法真正開心的。

人都應該要有自信：「我放手，我放心！因為我夠好，對方會留在我身邊。因為我真的夠棒，所以對方會一直愛著我。」應該是要這樣的想法才是對的。

我們都不知道未來會如何，也不需要知道未來是什麼，因為我們是人不是神，所以只要讓當下的自己好好的活著，盡自己的本分好好的活著，努力的對社

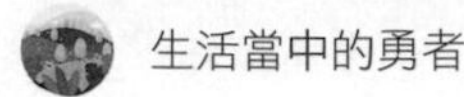

會有所貢獻，這就是盡了生命的責任了。

每一個人都當生活勇者吧！

都很努力的活在當下，帶著你的刀劍盾牌努力的往前衝，頭盔戴好，因為這樣才不容易撞的頭破血流。

就算撞的頭破血流，你也為自己感到驕傲，因為自己很勇敢！

有的人會說：「老師，我想要知道我今生的責任跟我今生的使命到底是什麼？」

大家對於過去世如果不能夠深入的去瞭解、不能夠深入的知道，不妨你可以試著問事：「我今生到底為何而來？我今生來學習的課題跟使命到底是什麼？」你可以參加問事去瞭解到：「今生我要面對的課題是什麼？噢，難怪我一直在學習這樣的課題，那麼我是不是把它學習完畢了之後我就可以畢業了？」

這個問題說簡單也很簡單，說難也很難，也許實踐起來是非常困難的，因為每一個人生下來的時候其實都帶著使命的，那就是所謂的天命。

有的人很喜歡去廟裡面問事，廟裡面的師父可能會告訴你說你帶天命。對！每一個人都帶天命來的，所以廟公廟婆跟你說的都是真的，因為每一個人都是。

所以你不必因為他們說你帶天命而大驚小怪，那個帶天命不是要你辦事，是要你把自己的事好好的辦好，是要把你自己的人生好好的活著，好好的善用自己的生命。

每個人的使命都是不同的，每個人面對生命的本質使命也都是不同的。

我們努力工作，是為了生存；我們勇敢的去愛，也是為了要生存在別人的心中；我們很努力的為家人付出，也是希望可以把這個家撐起來，也是希望可以為這個家奉獻，然後讓家人的愛可以緊緊的在一起。

我們為了努力生活著而生存的，這就是一種責任。

但是很多人越來越開始覺得：「我帶天命，我是不是要辦事情？」其實不是的！因為做人好難，我們的天命（也就是使命），其實就是要把人做好，因為光好好做人這件事情已經夠複雜、夠難的了。

每個人都要盡到自己的本分，把自己該做的做好，這是應該的！

所以我們每個時期都會有不同時期的使命，比如：你在出生的時候，好好的吃飯、睡覺、長大；念書、念大學的時候，好好的念書；出了社會，好好的工作；進入了家庭，好好的去面對你的人生，為對方負責任。

這就是我們每一個人為自己的人生的生命的課題所存在的價值，人是為了要尋找自己的價值而存在的。

生命的輪迴、面對自己今生的課題，也許你沒有辦法看前世今生，我很希望大家勇敢的去面對你現在當下的問題，做一個勇者，做一個勇往直前、帶著頭盔、拿著刀劍盾牌、一直不斷很努力的向前衝的人，這個盾牌刀劍都可以保護你自己。

然後學習珍愛你自己，在這個頭盔底下的你也許淚流滿面，也許傷痕累累，但因為這是人生，你還是充滿著很多的愛，帶著很多的愛，也許有包袱，也許有責任，但你很勇敢的一路往前衝，向前殺敵無數，然後終於到達了目的地。

不管怎麼樣，人生都要去想自己擁有的，不要再去想自己沒有的，人比人真的會氣死人。

所以我們永遠都只想：我們的人生已經走到這裡了，我們勇敢的活到這個歲數，我們真的非常的有勇氣，所以既然已經很努力的撐到了現在，那麼就好好的把人生過好，好好的把當下的課題學習完畢，我們才能夠有一天跟著菩薩回家。

我有寫一本書叫做《生命輪迴：從前世看今生課題》，希望大家有機會可以好好的去看一看這本書。

有時候反過來看一看自己當下所擁有的，其實你的人生就是豐富圓滿的。然後，不需要很多人都愛你，你只要有幾個人愛你就好了，看看你身邊有這些愛你的人，還有最主要的是你是一個心中充滿著愛的人，你身邊的人知道你都愛他們，這樣就夠了！

你不用世界所有的普羅大眾都愛你，你有少少的人愛你、保護著你，然後你也過得很開心，這樣就夠了！

人生不求多，只求生活平靜，只求心靈充實自在，這才是最重要的。

放手才能擁有幸福

放手才能緊握幸福，你抓的越緊，有的時候越難得到幸福。

不管是做任何的決定，學業也好，事業也好，或者是對於親人也好，有的時候必須真的放手，懂得祝福，讓對方去找到適合他的方式。

有的時候不讓親人受苦，放手是一個很重要的選擇。那麼怎麼樣的情況下可以不讓親人受苦？我們做決定的準則就是：什麼樣的決定對他們是最好的，那便是最好的決定！

有很多人在父母親或是家人過世往生了之後，都會跟我有一些心靈上面的交流跟交談，大家彼此鼓勵著彼此，因為失去親人真的是一個很大的傷痛，這需要很長的一段時間做調適。每一個人都有自己跟親人相處的經驗，一定都是很難忘的，都需要一點時間。

為自己趕走負面的情緒，帶來積極正向的力量。

有的時候自己悶著真的不是一件好事，有空看一下書，可以增長智慧；聽聽別人講話、或是跟別人聊聊天，花點時間檢視一下自己的想法念頭，都是有幫助的。

有的人在情感當中受了傷，就很害怕再接受下一段感情或是進入下一段婚姻。

請你們一定要努力相信愛情，相信在此生當中一定會找到一個真正珍惜你、也願意跟你一起努力共向未來的伴侶，他一定是最了解你的，他一定會懂得珍惜你的，請你相信你自己一定會遇到這樣的人。

也許你不見得要結婚，也許你不見得要跟他一輩子走下去，但是至少在這個當下，你們是彼此珍惜對方的。

當然，如果可以一輩子握著對方的手，一直不斷地走下去到此生終老，那是最美好的，但如果不行，我們也是要珍惜當下的緣分，分開了也要懂得祝福。

如果你是還沒有感情對象的人，一定要想辦法讓自己相信愛情，因為愛情真的很美好。有人愛，是一件很開心的事情；有被愛的感覺，是一件很值得安心的事情。

一定要相信你自己的選擇，一定要相信你愛對方、對方也會一樣愛你的，然後好好的去珍惜身邊愛你的人。

大家真的要勇敢，堅定你的信仰，堅定你的信念，對你來講就是人生最大的幫助了，不是幫助了別人，是幫助了你自己。

放手有時候是一個新的開始，放下過去，才能迎接未來的幸福。

人生互補最幸福

有人問：「如果自己是急驚風，遇到了一個慢郎中，怎麼辦？」到底是慢郎中應該要學習快一點？還是急驚風要學習慢一點？

其實不管是誰，太過急的人本來就要學習慢，太過慢的人本來就要學習快，因為我們都要取得中庸平衡。

所以，你在學習平衡，別人也在學習平衡，這個平衡都是為了要補足其中一個部分的不足，才能讓人跟人之間能夠平衡起來。

這也就是為什麼人可以互補：你慢一點，我快一點；你快一點，我慢一點，都是一樣的。

快一點的人有他的優點，慢一點的人也有他的優點。

你快一點也可以做好事情，慢一點也可以做好事情。

我們每一個人都要看見自己的缺點，看見別人的優點，向別人來做學習。所以到底急驚風好？還是慢郎中好？其實都各有優缺點。學習著包容對方跟接受對方：「我知道他就是這樣的人，我很瞭解他，他就是這樣的人」，你就不會生氣了。

有的時候，生氣是因為：「你怎麼會是這樣的人！」所以很想要改變對方，然而改變不了對方的時候，你就生氣了。

那麼為什麼要生氣？為什麼不試著就接受對方，瞭解對方的個性就是這樣？有時候因為你瞭解、你接受了，反而可以看見別人的缺點變成了一種優點。看見他這樣子，也覺得他很可愛；看見他這麼急，也覺得急很可愛；有時候他任性生氣、耍點小脾氣，你也覺得他很可愛，那也不錯！

互相接受彼此的優缺點，用愛去包容、接受，不管他變成什麼樣子，你都是愛他的，都能夠接受他，你都能夠學習如何跟他相處，這是非常重要的！

因為你不再把重點放在自己的身上了，你知道如何把對方看得比較重要，你願意為了別人的方便而修正了你自己。

現在的新聞裡面，有很多人會吵架，有很多人會不滿，有的人會偷拍別人然後上傳說這個人有多兇或是怎麼了。

有的時候，我們都是為了要要求別人、修正別人，來配合我們自己，或者是來彰顯我們自己，所以我們會有很多的衝突出現，只為了要別人認錯，然後來凸顯我們是對的。

但其實站在每一個人的角度來看某些事情，都會有不同的出發點，會有不同的面向，所以怎麼能夠非常確定的說他一定是錯？

他除非是犯法，犯法當然是一定錯的。

但如果是人跟人之間的相處，有時候，不一定要對方認錯或認輸了，才能證明你是對的。

因為人生不是為了求贏（贏得比賽、贏得一場勝利……），也不是為了求勝利，而做選擇。

有的時候，退讓或者是委曲求全，都是一種方法，只是為了當下的圓滿、或者是為了讓別人方便，而做退讓，而做選擇。並不代表不好，並不代表你不夠優秀，而是你有人生當中不同的考量跟不同的選項。

有時候，你的人生可以為了成就別人而犧牲掉你自己，也是很好的一件事情，也是一種成長，也是一種學習。

智在心靈 039

覺察生命的修行力

暢銷作家　黃子容 著

覺察生命，堅持修行真善
珍惜生命，活在當下修行
感恩生命，成就人間苦行
改變生命，面對人生課題

{好書推薦。}

智在心靈 040

說再見，
轉身也要幸福

暢銷作家　黃子容 著

誰能知道，在你轉身之後，
我們能否再見面？
你還會記得我嗎？

請記得，轉身之後，
我們說過的，
大家都要幸福！

{好書推薦。}

智在心靈 041

菩薩心語 2

暢銷作家　黃子容 著

文字是有力量的
從菩薩心語當中，
我們感受到許多鼓勵與正向的力量，
這些力量透由文字給我們一些啟發，
讓我們用不同的角度去看這個世界，
更字不同的面向去剖析我們所看見的世界，
讓我們學習接受，擁有成長的力量。

{好書推薦。}

智在心靈 042

翻轉人生練習逆向思考

暢銷作家 黃子容 著

保持對人生與生命高度的熱情，
進而接受別人不同的想法。
這就是不斷在翻轉我們人生的角度，
看著人生各種不同的風景跟面向，
而有不同的領悟。
翻轉人生，堅持信念。
翻轉你的人生，
不管它翻轉到任何一個角度，
它都有它美麗的風景，
也都有我們看不見的美好。

{好書推薦。}

智在心靈 043

心覺知，感受人生

暢銷作家 黃子容 著

心覺知 有覺心 心有知
感受人生 體驗人生
無有執著 才能豐富生命
找到圓滿今生課題的方法

{好書推薦。}

不在乎，是因為放下了
暢銷作家 黃子容 著

智在心靈 044

不在乎，是因爲放下了

暢銷作家 黃子容 著

因為困境與傷痛
你需要放下
學習讓這些傷痛過去
原諒過去不完美的自己
有一天，當你不在乎的時候
其實已經放下了

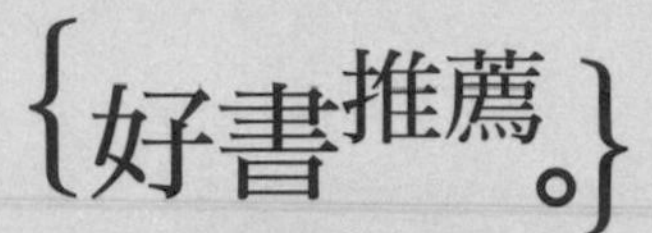

智在心靈 045

別讓魔鬼住進你心裡

暢銷作家 黃子容 著

別讓魔鬼住進你心裡
負面情緒可以有
但不能有魔鬼想法與欲念
唯有愛與善
化解魔性人自在

{好書推薦。}

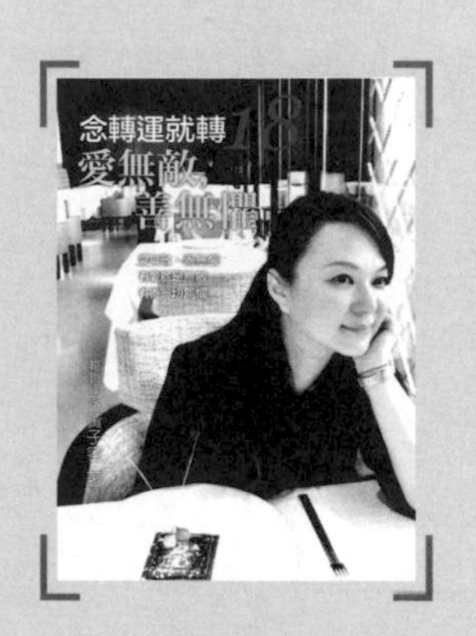

智在心靈 046

愛無敵，善無懼

暢銷作家 黃子容 著

愛無敵，善無懼
有愛就是無敵
有善一切無懼

{好書推薦。}

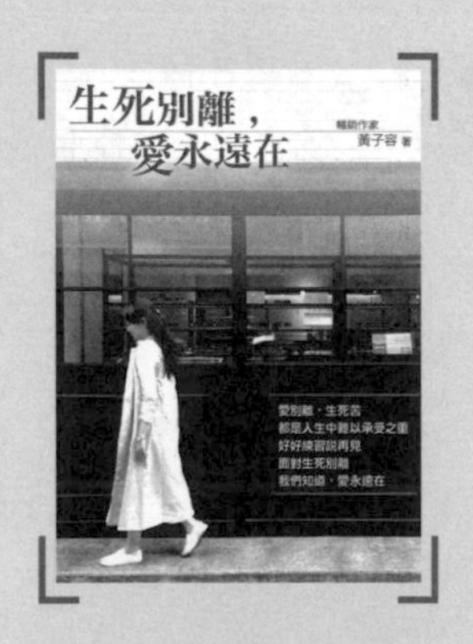

智在心靈 047

生死別離，愛永遠在

暢銷作家 黃子容 著

愛別離，生死苦
都是人生中離以承受之重
好好練習說再見
面對生死別離
我們知道，愛永遠在

{好書推薦。}

智在心靈 048

快樂生活的日常

暢銷作家　黃子容 著

享受生活，尋找快樂
每一件小事物都可以讓你的心
找到可以快樂的理由

人生煩惱的事物很多
我們應該尋找屬於自我
快樂生活的日常

{好書推薦。}

智在心靈 049

起心動念

暢銷作家　黃子容 著

念轉運就轉
起心動念
一心一念力
一念一世界

{好書推薦。}

智在心靈 050

活著，就是要勇敢

暢銷作家　黃子容 著

人生，是為了體驗而來
受苦，是為了學習而來
接受了，就不苦了
瞭解了，就覺悟了

{好書推薦。}

智在心靈 051

與菩薩對話5
菩提心

暢銷作家 黃子容 著

佛法入人心，佛法現生活。
你的心中，菩提心生，
自然菩提花開，
轉動菩提，慈悲自生。
菩提花開，智慧生，
生活中的學習，
可以讓人放下，
可以讓人成長，
可以讓人變成更好的自己。

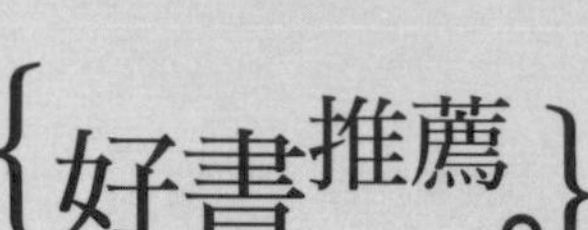

智在心靈 052

安定心靈 禪中修行(上)

暢銷作家 黃子容 著

智在生活禪
禪中生活行
覺醒中求智
定心覺悟開

{好書推薦。}

智在心靈 053

安定心靈 禪中修行(下)

暢銷作家 黃子容 著

擁有有限的生命，擁有苦痛的人生，
擁有受傷的靈魂，擁有生病的肉體，
我們便要歡喜，
因為我們是如此的在經歷人生與生命的奇妙歷程。
生命中充滿著感恩以及慈悲，人生就圓滿了。

{好書推薦。}

智在心靈 054

念轉運就轉20
放手才能握緊幸福

暢銷作家　黃子容 著

放下，才是緊握幸福的開始。
擁有很多愛的人，會療癒你身上的痛。
你相信愛，愛情就會來到。
你相信幸福，便開始幸福了。

智在心靈 055

菩薩心語3

暢銷作家　黃子容 著

{好書推薦。}

勇敢不是不害怕不恐懼，
而是心中雖然害怕恐懼，
仍會繼續勇敢向前。
你有多勇敢，就有多幸福。
帶著愛，堅強勇敢的向前行。
人生總有些困難，但只要你願意，
拿出勇氣與愛，必定能夠突破難關。
善的循環，有一天會回到你的身上來。
擁有滿滿的愛與能量，
一點也不害怕前方的困境，
相信這份堅定與勇敢，
可以帶給你更多的幸運。

{好書推薦。}

智在心靈 056

念轉運就轉21
一切都會過去的

暢銷作家　黃子容 著

人生中，
不管心痛、煎熬、開心或快樂，
人生中的酸甜苦辣都在那個當下，
所有的痛苦都會結束，
所有的難關都會過去，
堅定你的心念，
一切都會過去的。

好書推薦。

智在心靈 057

菩薩心語4

暢銷作家　黃子容 著

菩薩慈眼視眾生
有的時候，我們什麼都看不見，
但因為我相信，所以我們前進了，
往未來的路上前進了。
不是因為看見了幸福才堅持，
而是因為堅持了，
才看見了我想要的幸福與美好。

好書推薦。

智在心靈 059

與菩薩對話6 願心願行

暢銷作家　黃子容 著

一個人有願，就有了心，
有了心，就有了行，
只要有願心願行，
面對什麼困難都不怕了。

面對未來，你有菩薩陪著，
喜怒哀樂，都是安心的、平靜的，
因為你知道，菩薩與你同在。

好書推薦。

智在心靈 059

菩薩心語4 菩薩慈眼視衆生

暢銷作家　黃子容 著

有的時候，我們什麼都看不見，
但因為我相信，所以我們前進了，
往未來的路上前進了。

不是因為看見了幸福才堅持，
而是因為堅持了，
才看見了我想要的幸福與美好。

國家圖書館出版品預行編目資料

菩薩心語. 5 / 黃子容著. -- 初版.
-- 新北市：光采文化，2020. 06
面； 公分. -- (智在心靈； 63)
ISBN 978-986-96944-8-3(平裝)
1. 生命哲學 2. 修身
191.9 109006455

智在心靈 063
菩薩心語5

作　　者　黃子容
主　　編　黃子容
封面設計　顏鵬峻
美術編輯　陳鶴心
校　　對　黃子容
出 版 者　光采文化出版事業有限公司
新北市永和區中正路454巷6-1號1F
電話：(02) 2926-2352
傳真：(02) 2940-3257
http://www.loveclass520.com.tw
法律顧問　鷹騰聯合法律事務所　林鈺雄律師
製版印刷　皇輝彩藝印刷事業有限公司

2020年07月初版

總經銷：大和書報圖書股份有限公司
地　址：新北市新莊區五工五路二號
電　話：(02) 8990-2588
傳　真：(02) 2290-1658

定價 300 元
ISBN 978-986-96944-8-3
Printed in Taiwan

luminosity
luminosity luminosity luminosity
luminosity luminosity luminosity luminosity
luminosity luminosity luminosity luminosity
luminosity luminosity luminosity luminosity
luminosity luminosity luminosity luminosity
luminosity luminosity luminosity luminosity
luminosity luminosity luminosity luminosity
luminosity luminosity luminosity luminosity